Helga Ide
Wenn Kinder sich das Leben nehmen

Helga Ide

Wenn Kinder sich das Leben nehmen

Trauer, Klage
und die Zeit danach

Kreuz Verlag

Alle in diesem Buch enthaltenen Angaben, Daten, Ergebnisse etc. wurden von der Autorin nach bestem Wissen erstellt und von ihr mit größtmöglicher Sorgfalt überprüft. Gleichwohl sind inhaltliche Fehler nicht vollständig auszuschließen. Daher erfolgen die Angaben etc. ohne jegliche Verpflichtung oder Garantie des Verlags oder der Autorin. Beide schließen deshalb jegliche Verantwortung und Haftung für etwaige inhaltliche Unrichtigkeiten aus, es sei denn im Falle grober Fahrlässigkeit.

Die Deutsche Bibliothek – CIP-Einheitsaufnahme

Ide, Helga:
Wenn Kinder sich das Leben nehmen:
Klage, Trauer und die Zeit danach / Helga Ide. –
1. Aufl. – Stuttgart: Kreuz-Verl., 1992
   ISBN 3-7831-1139-0

© by Dieter Breitsohl AG
Literarische Agentur Zürich 1992
Alle deutschsprachigen Rechte
beim Kreuz Verlag Stuttgart
1. Auflage
Kreuz Verlag Stuttgart 1992
Umschlaggestaltung: Jürgen Reichert
Gesamtherstellung: Wilhelm Röck, Weinsberg
ISBN 3 7831 1139 0

Inhalt

Tod kündigte sich an	7
Selbstmord – das ist nicht wahr!	11
Leichen müssen bestattet werden	15
Schuhe vererbt man nicht	21
Ich wollte nichts als sterben	25
Endlich nicht mehr allein	32
Aufruhr der Gefühle – macht Trauer verrückt?	40
Kreativität bietet Hilfe an	53
Wie sollte ich arbeiten?	59
Ich habe doch noch Kinder	64
Sind Ehe und Partnerschaft gefährdet?	70
Den Toten loslassen – frei werden für ein neues eigenes Leben	76
Anhang: Informationen und Adressen	87

Tod kündigte sich an

Wir lachten. Standen mitten auf der Straße im regennassen Kopenhagen, hielten uns bei der Hand, schauten uns an und konnten mit dem Lachen nicht mehr aufhören.

Nur noch wenige Minuten bis Mitternacht. Dann hatten wir den 11. November 1984, und dieser mein jüngster Sohn wurde 18 Jahre alt. Volljährig. Wie seine beiden älteren Geschwister durfte auch Kai sich zu diesem besonderen, wichtigen Geburtstag von und mit mir ein Wochenende in einer der Hauptstädte Europas wünschen.

Wir hatten uns den Dachgarten des Hilton ausgeguckt. Als wir durch die Halle zu den Aufzügen gingen, kam ein Herr in Schwarz auf uns zu und zischte etwas, was ich nicht verstand. Ehe ich nachfragen konnte, packte mich Kai am Arm und zerrte mich auf die Straße.

»Was ist denn bloß?«

»Die wollen uns da nicht haben.«

»Was?«

»Denen sind wir wohl nicht fein genug.«

Ich sah uns beide an: unsere verwaschenen Jeans, die nassen Parka, schmutzigen Turnschuhe, Kais lange, schwarze, lockige Haare, meine langen, glatten, blonden. Runzelte die Stirn. Sah energisch hoch.

»Komm, Mutti, bitte mach keinen Streit. Ich kann verstehen, daß die mich da nicht haben wollen.«

»Mich doch auch nicht. O Kai. Wie wahnsinnig komisch. Das ist wirklich ein besonderer Geburtstag. Das ist mir noch nie passiert.« Ich lachte los. Kai schloß sich nach kurzem Zögern an.

»Komm, es wird Zeit.«

Bald fanden wir ein herrlich altmodisches Hotel, seine halbdunkle, gemütliche Bar. Lachend und erleichtert ließen wir uns in schwere, schwarze Ledersessel fallen, riefen dem Ober ein schnelles »zwei Glas Champagner« zu. Beobachteten aufgeregt die Sekundenzeiger unserer Uhren. Gerade noch geschafft.

Dann war es soweit. Ganz zart klangen die Gläser aneinander. »Meine aller-allerherzlichsten Glückwünsche, Kai. Alles Liebe und Gute. Ich würde dir jetzt so gern eine Rede halten, aber ich kann nicht.« Mir zitterte die Stimme, Tränen kamen hoch. Ich sprang aus meinem Sessel, küßte meinen großen Sohn. Lächelte mit nassen Augen. Wieviel Liebe ich für diesen Sohn empfand! Zärtlichkeit. Bewunderung. Aber ich konnte es ihm nicht mehr sagen – jetzt – wo er doch fast erwachsen war. Ob er trotzdem davon wußte? Im Augenblick glaubte ich fest daran.

»Paß auf. Die Geschenke sind natürlich zu Hause. Aber ich überreiche sie dir jetzt.«

Ich zerriß meine leere Zigarettenschachtel in kleine Fetzen, nahm meinen Kugelschreiber, schrieb etwas darauf und reichte sie ihm hinüber: ein Dutzend lustig gestreifte Frotteehandtücher – Neugier und Mut – neue Lederhandschuhe zum Segeln – eine Platte von den Bots – ein Sechsereßbesteck – ein langes, glückliches, erfolgreiches, ehrliches Leben.

Er freute sich. Machte Witze. »Du wartest doch nur darauf, mich endlich los zu sein. Ich werde ja direkt ausgesteuert für einen Auszug.« Beim letzten Zettelchen wurde er still. Die fröhliche Stimmung fror ein.

»He du, Kai. Wie wir wohl im Jahr 2000 sind? Dieser Jahrtausendwechsel muß doch aufregend werden. Ich bin dann 63 Jahre alt. Grau – dürr – engstirnig und giftig.« Kai mußte lachen: »Mutti, dürr wirst du nie.«

»Und du? Was meinst du, wie du mit 34 sein wirst?«
Keine Antwort. Schweigen. Mir wurde kalt. Etwas zog mir die Kehle zusammen, ich konnte nichts sagen. Verstand nicht, warum ich solche Angst empfand. Wovor?

Mehr erinnere ich nicht. Einer muß das Schweigen gebrochen haben. Aber wer? Kai? Ich?

Ein Sonntagnachmittag im Advent. Kai und ich saßen gemütlich zusammen und tranken Tee.

»Sag mal, Mutti, du kennst doch Uwe, meinen Chemielehrer. Ich finde, der geht sehr leichtfertig mit dem Giftschrankschlüssel um. Der ist an einem Riesenschlüsselbund, und das gibt er recht häufig irgendeinem Schüler, um etwas aus dem Chemieraum zu holen. Oder aus seinem Auto. Dem Lehrerzimmer. Welche juristischen Folgen hätte es eigentlich, wenn jemand an den Giftschrank geht und Zyankali nimmt, sich damit umbringt?«

Eine interessante Frage. Ich legte sofort los. Disziplinarverfahren, strafrechtliche Folgen. Redete, redete, redete. Stellte nicht eine Frage. Ich, die ich mich seit Jahren um alle möglichen Schulangelegenheiten kümmerte, dachte nicht daran, mit Uwe zu sprechen, mit der Schulleitung. Nichts. Keine andere Reaktion als juristische Ausführungen.

Der Dezember war seltsam. Kai wohnte noch bei mir, entzog sich aber immer mehr meinen Fragen.

»Hast du dich eigentlich endgültig entschlossen, in Berlin zu studieren?« – »Weiß nicht.«

»Fährst du im Sommer wieder in die DDR ins FDJ-Lager?« – «Laß mich in Ruhe.«

»Segelst du wieder Kieler Woche?« Schweigen.
Solche Fragen lösten sonst lange Gespräche aus.

Ansonsten ein engagierter Sohn voller Action: im Abitur, bei Redaktionssitzungen der Schülerzeitung – auf dem Weg zu Partys, Demos, Diskussionen und wer weiß noch was. Aber auch langes Liegen auf seinem Bett, Musik, die durchs Haus dröhnte. Ich freute mich an ihm – sorgte mich – verstand wenig – fragte kaum noch etwas. Eben ein schwieriges Alter – ein widersprüchlicher Mensch. Dieser offenherzige, liebevolle, fröhliche Junge, dessen Gedanken und Engagement ich so oft teilen durfte. Dieser junge Mann, der sich immer häufiger in sich selbst zurückzog: abweisend, grübelnd, einsam. Dem ich mich nicht mehr zu nähern wagte. Um den ich mich schweigend sorgte.

Selbstmord – das ist nicht wahr!

Am Montag, dem 7. Januar, dann brutal – telefonisch: »Ihr Sohn hat Zyankali genommen. Er liegt auf der Intensivstation.«
Schock! –
Die erste Phase der Trauerarbeit begann: das Nichtwahrhabenwollen. Mit allem, was ich hatte, wehrte ich mich gegen die grausame Realität: Das ist ein Alptraum, gleich wache ich auf. Das ist nicht Kai, das ist jemand anders. Das kann nur ein Versehen im Chemieunterricht gewesen sein, viel zuwenig Gift. Ein Irrtum. Gelogen. Nicht mein Sohn. Keine Selbsttötung. Kein Tod.
Für die meisten Eltern wird die Kenntnis vom Suizid ihres Kindes mit der Nachricht von seinem Tod verbunden sein. Auch hier dieser verzweifelte innere Schrei: Das kann nicht sein – das ist nicht wahr.
Heute weiß ich, welches Glück wir hatten, daß Kai noch lebte. Daß wir 26 Tage und Nächte an seinem Bett sitzen konnten und Zeit hatten, uns daran zu gewöhnen, daß er sein Leben beenden wollte, daß sein vergifteter Körper nicht mehr leben konnte, daß er im Koma war, daß er im Sterben lag, daß er tot war.
Wenige Sekunden nach seinem letzten Atemzug wollte ich aufstehn, mich bürokratisch richtig benehmen, den Ärzten Bescheid sagen. Mein Sohn Christian hatte das bessere, richtige Gefühl: Laß uns noch sitzen

bleiben. Ich werde ihm immer dankbar sein für diese Stunde, die ich bei meinem toten Sohn gesessen habe. Als wir das Krankenhaus verließen, war Kais Tod für mich eine absolute, unumstößliche Tatsache, an der ich nie auch nur eine Sekunde gezweifelt habe.

Aber ich kenne Mütter, die monate-, sogar jahrelang in dieser Phase des Nichtwahrhabenwollens steckenbleiben, immer wieder dorthin zurückfallen.

Den Tod genau ansehen

Leider gibt es immer noch Menschen, die es gut meinen. Die den Eltern, besonders den Müttern, den Anblick ihres toten – vielleicht sogar entstellten oder verstümmelten – Kindes ersparen wollen: Behalt deinen Sohn/deine Tochter so in Erinnerung, wie er/sie war.

Das ist grundfalsch. Verzögert Trauerarbeit. Man muß dieser grauenhaften Realität ins Auge sehen. Den Toten anblicken. Die Leiche anfassen. Selbst wenn es nur ein Arm oder ein Fuß ist. Man wird sein Kind schon erkennen. Das hilft. Macht das Schreckliche, Unglaubliche wahr, real.

Auch die heute so seltene Totenwache ist hilfreich.

Vielen Eltern sind diese Hilfen versagt. Sie sehen ihr totes Kind nicht. Stehen irgendwann an einem Sarg, einem Grab. Wie oft habe ich gehört: Da muß jemand anderes drinliegen. Nicht mein Kind.

Dann kann es nützlich sein, sich immer wieder die Todesurkunde anzusehen. Die Todesanzeige. Die Todesbriefe. Alles, wo von diesem Tod schwarz auf weiß zu lesen ist. Also auch die Beileidspost. Das bringt natürlich Tränen mit sich, aber man weint ja sowieso. Und man kommt der Realität dieses Todes näher. Das ist erst einmal das Wichtigste.

Sprache kann helfen

»Als das war mit Martin.« Wie oft habe ich diesen Satz gehört. Oder ähnliche mit anderen Namen. Das bleibt im Diffusen. Verschleiert. Kostet Kraft und Zeit. Bringt Mißverständnisse mit sich bei Menschen, die nicht Bescheid wissen.

Ich habe mich gleich am Anfang so lange in mein Bett gelegt und weinend vor mich hin gestammelt, bis ich meinen Satz gefunden hatte: Mein Sohn Kai ist tot – er hat sich das Leben genommen.

Diesen Satz habe ich geübt. Erst allein. Hunderte von Malen. Wenn ich morgens aufwachte. Wenn ich im Supermarkt Dinge in der Hand hielt, die ich immer nur für ihn eingekauft hatte. Wenn ich seinen Platz bei Tisch decken wollte. Wenn ich in sein Zimmer laufen wollte, um ihm etwas Wichtiges zu sagen.

Dann habe ich ihn zu Freunden gesagt. Schließlich konnte ich ihn bei Fremden anwenden. Seit langem ist er mir ganz zu eigen geworden. Selbstverständlich. Realistisch.

Ich rate jedem, seinen eigenen Satz zu suchen. In sich hineinzufühlen, was möglich ist. Seine Aussage finden. Man muß das ausprobieren. Wird sanft anfangen: Mein Kind lebt nicht mehr. Weinend. Stammelnd. Das ist in Ordnung. Vielleicht kann man später weitergehen: Er/sie ist tot. Diese Sätze schaffen Verbindung zur Realität, die wir ja alle nicht wahrhaben wollen. Werden zur Realität.

Wenn man sich daran gewöhnt hat, geht es weiter: Suizid, Freitod, vergiftet, erhängt, vor den Zug geworfen. Es ist wichtig, seine Wörter zu finden. Sie zu benutzen. Wir alle werden sie unser ganzes Leben lang brauchen.

Die Wörter Selbstmord und Selbstmörder lehne ich ab. Sie bezeichnen ein besonders bösartiges Verbrechen, einen besonders kriminellen Menschen. Sie auf einen Menschen anzuwenden, der sein eigenes Leben beendet, ist verständnislos und falsch. Wir alle sollten uns dagegen verwehren.

Aber manchmal rutscht auch mir eines dieser Wörter heraus. Aus Wut und Verzweiflung. Immer dann, wenn ich erleben muß, daß mein Gesprächspartner sich etwa mit dem leicht dahingesagten Wort Suizid um die schmerzliche Wahrheit drücken will. Dann will ich provozieren. Die Brutalität und das Entsetzliche dieses Geschehens deutlich machen.

Hätte-Sätze muß man fliehen

Die Verleugnung der Realität »das ist nicht wahr« verwandelt sich schnell in Vorstellungen wie »hätte ich« – »wäre mein Kind bloß« – »hätten wir nur nicht« … Diese Sätze werden nie beendet, scheinen aber weiterzugehen »… dann lebte mein Kind noch.« Aber eben das ist nicht wahr! Der Sohn/die Tochter ist tot.

Endgültig! Unabänderlich!

Man wird nicht verhindern können, daß diese Hätte-ich-Gedanken kommen. Aber man sollte versuchen, sich nicht zu sehr auf sie einzulassen. Vielleicht kann man sie jemandem sagen oder auf ein Stück Papier schreiben, um sie wenigstens ein bißchen loszuwerden. Aber nicht weiterverfolgen! Sie kosten zu viel Kraft und Energie, die wir trauernden Eltern für anderes brauchen als für sinnlose Phantasien. Und auch sie bringen uns weg von der Realität, die wir doch so nötig brauchen, um diesen selbstgewählten Tod unseres Kindes zu überleben.

Dieselben Vorstellungen werden sich sowieso wieder melden im Rahmen der Schuld, die wir uns am Tod unserer Kinder geben. Darüber werde ich später noch etwas sagen.

Leichen müssen bestattet werden

Ich habe mich oft gewundert, mit welch gelassener Selbstverständlichkeit Hinterbliebene die Formalitäten für ihre Verstorbenen erledigten, während sie meiner Meinung nach verzweifelt hätten zusammenbrechen müssen. Dann habe ich dasselbe erlebt: Ruhig und mit innerer Sicherheit habe ich alles, was nach Kais Tod zu tun war, getan. Fand es gut so, wie ich es tat. Richtig.
Erst sehr viel später kamen Zweifel. Als ich eine Mutter kennenlernte, die ihre tote Tochter nicht nur von dem Strick am Baum abschnitt, sondern sie mit nach Hause nahm, um sie zu waschen, zu kämmen, anzukleiden. Sie für die Einsargung vorzubereiten.
Ich empfand große Bewunderung für diese Frau. Aber auch Scham, wütenden Haß gegen mich selber: Warum bin ich nicht einmal auf die Idee gekommen, dieses auch für meinen Sohn zu tun? Warum habe ich ihn fremden Händen überlassen?
Ähnliches erlebte ich bei einer anderen Frau, die ganz allein den Sarg ihres Kindes und die Kirche mit Blumen aus ihrem Garten schmückte. Und ich? Was hatte ich getan? Ich gönnte Kai nicht einmal die Blumen, die Menschen ihm zu seiner Trauerfeier geschickt hätten, sondern bat in seinem Namen statt dessen um Spenden für die Opfer der Giftgaskatastrophe in Bhopal.

Da gab es so vieles, um immer wieder gegen mich anzuwüten. War ich eine so herzlose Mutter? So lieblos? So phantasielos? In langen, schmerzhaften Kämpfen habe ich mich dazu durchgerungen, daß ich bei allen Beerdigungsmodalitäten eben genau die Mutter gewesen bin, die ich meinen groß gewordenen Kindern auch sonst war und noch heute bin. Unsere liebevolle Gemeinsamkeit hat sich eher in miteinander geteilten Interessen und Anliegen gezeigt. In langen Gesprächen. Sachlich gehaltenen Auseinandersetzungen und gemeinsamen Unternehmungen. Außerdem in immer größer werdendem Abstand. In Respekt vor dem anderen und seiner Besonderheit. Seiner unabhängigen Andersartigkeit. Meine Liebe und Zärtlichkeit kann ich nur selten in Blumen zeigen, eher in Sachlichem.

Kai hatte an den Chemielehrer einen Zettel geschrieben: »Uwe, ich hoffe, Du hast keinen Ärger.«

Darum habe ich mich gekümmert. Habe den Kontakt zur Schulleitung und zur Schulbehörde aufgenommen und diesem Lehrer Schutz gegeben.

Ich habe seiner Autopsie nicht widersprochen. Kai wollte Chemie studieren, wollte in die Wissenschaft. In seinem Interesse habe ich seinen toten Körper zerstückeln lassen, weil es so wenige Menschen gibt, die die Einnahme von Zyankali auch nur kurz überleben, und man wenig über die langsame Wirkung dieses Gifts weiß.

Vielleicht hätten andere Mütter das nicht geschafft. Ich lernte, mich so zu nehmen, wie ich bin. Kais Tod hat keine andere Mutter aus mir gemacht. Aber das war schwer hinzunehmen und ist es oft immer noch.

Privat oder öffentlich?

Ich habe mich damals gegen eine Todesanzeige in der Zeitung entschieden. Trauerbriefe an alle Verwandten, Freunde und Bekannten erschienen mir ausreichend.

Heute empfinde ich das anders: Ich bin nicht mehr bereit, Kais Suizid und meine Trauer nur als privates Schicksal anzusehen. Ich meine, das geht auch die Öffentlichkeit etwas an: Kai ist nicht nur an sich, seiner Familie, an Freunden und Bekannten gestorben, sondern auch an dieser Gesellschaft. Er scheuerte sich wund an der gedankenlosen und profitgierigen Umweltzerstörung, an dem Elend in der Dritten Welt, an der wachsenden Ausländerfeindlichkeit in unserem Land, an der schwierigen und oft hoffnungslosen Ausbildungs- und Arbeitsplatzsituation der jungen Menschen, an der Korruptheit vieler Politiker. Immer wieder demonstrierte er für Frieden und gegen Atomkraftwerke und mußte dabei nicht selten die Unmenschlichkeit polizeilichen Vorgehens am eigenen Leibe erfahren. Ich nehme es auch nicht mehr schweigend und tatenlos hin, daß man sich von meiner Trauer abwendet. Die Gesellschaft soll sie wahrnehmen, hinnehmen, ertragen, sie hat auch Ursachen dafür gesetzt. Aus diesem Grund habe ich meine Trauerarbeit in einer Selbsthilfegruppe beschrieben und veröffentlichen lassen.*

Später, zu Kais 5. Todestag, hätte ich gern eine Annonce in die Zeitung setzen lassen, um an ihn und seinen Freitod zu erinnern. Ich habe mich nicht getraut. Hatte nicht den Mut dazu. Nur immer die schrecklichen Worte eines Freundes im Kopf: »Merkst du nicht, daß du Kais Tod zu deinem Hobby machst?« Aber ich

* Mein Kind ist tot, Rowohlt 1988

bin zuversichtlich. Irgendwann schaffe ich dieses Stück Öffentlichkeitsarbeit. Und wenn es im Jahre 2003 ist: dann wird mein Sohn 18 Jahre gelebt haben und genauso lange tot sein.

Solidarität mit meinem toten Sohn

Am Morgen nach dem Tod meines Sohnes saß ich am Schreibtisch, um den Totenbrief zu entwerfen. Ich wußte, ich mußte eine wichtige Entscheidung treffen. Nicht nur für diesen Text. Überhaupt. Für mich. Für mein Leben nach Kais Tod.

Schon damals ahnte ich, wie das Wort Selbsttötung schockt. Suizid. Freitod. Daß niemand davon hören will. Daß man Tabus berührt. Angst macht. Abwehr erzeugt.

Sollte ich die Todesursache weglassen? An Unfall oder Krankheit glauben lassen von denen, die es noch nicht wußten?

Aber Tatsache ist, daß Kai nicht mehr leben wollte. Das ist seine und meine Realität. Mir war klar, daß ich mir den Unwillen des größten Teils meiner Umwelt zuziehen würde, wenn ich nicht verwischte und verschleierte, sondern klarmachte, den Grund für seinen Tod beim Namen nannte.

Wie oft habe ich mich in den 18 Jahren seines Lebens hinter diesen Sohn gestellt. »Kai hat ja wirklich sehr lange Haare.« »Ja, ich beneide ihn richtig. Er pflegt sie aber auch sehr.« »Hört Ihr Jüngster eigentlich schlecht?« »Nein, aber er hört seine Musik gern sehr laut.«

Warum sollte ich damit aufhören, nur weil dieser Junge tot ist? Ich nahm also all meinen Mut zusammen und schrieb: »Am 7. Januar beschloß Kai, nicht mehr

leben zu wollen – am 1. Februar konnte er sterben.«
Sehr schlechtes Deutsch, aber die Wahrheit.

So habe ich es bis heute gehalten. Natürlich hat es mir Abwehr, Ärger, Kritik eingebracht. Aber das ist mir mein Sohn wert. Manchmal waren Schmerz, Verzweiflung und Einsamkeit so groß, daß ich schwankend wurde. Aber immer habe ich mir gesagt, daß dies das einzige ist, was ich für meinen toten Sohn noch tun kann: mich mit ihm und seinem Tod solidarisieren. Mich hinter ihn stellen. Mich nicht schämen seinetwegen.

Und ich nehme seinen Tod und die Gründe dafür ernst. Wie oft mußte ich erleben, daß Kais Entscheidung abgetan und erledigt wurde mit dem bedauernden Satz: »Schade – dann war er wohl depressiv.«

Mein Sohn war nicht psychisch krank. Er war ein intelligenter junger Mann, der besonders empfindsam an den Übeln dieser Welt litt. Der damit allein gelassen wurde. Und der nach monatelangen Kämpfen mit der schonungslosen Kompromißlosigkeit eines jungen Menschen seinen Tod einem solchen Leben vorzog.

Ich weiß, daß viele Menschen sich aus einer schweren psychischen Krankheit heraus das Leben nehmen. Aber ich bin zutiefst davon überzeugt, daß man nicht verrückt oder psychotisch oder schizophren sein muß, um sterben zu wollen. Auch einem gesunden Menschen kann dieses Leben zuviel werden.

Diese feste Überzeugung hindert mich keinesfalls daran, mich auch mit den »kranken« Suizidenten zu solidarisieren. Auch ihr Leiden ist doch häufig die Reaktion auf krankmachende private oder gesellschaftliche Zustände. Sie müßten ernster genommen werden. Besser behandelt.

Ich habe von so vielen jungen Menschen erfahren, die als suizidgefährdet erkannt wurden. Die in psychologischer oder psychiatrischer Behandlung waren und sich trotzdem den Tod gaben. Da kann doch – von wenigen Fällen abgesehen – etwas nicht stimmen.

Wir alle sollten laut auf diese Mißstände aufmerksam machen. Uns nicht schuldig und schamhaft verkriechen und unser Leid um diese toten Kinder allein ertragen. Vielleicht lassen sich so wenigstens einige wenige retten, läßt sich hoffentlich verhindern, daß die Anzahl junger Menschen, die sich den Tod geben, noch größer wird.

Schuhe vererbt man nicht

Nachdem meine Kinder und ich die Totenbriefe in Kais Schule gedruckt und abgesandt hatten, ging ich am nächsten Tag in Kais Zimmer. Ich erlebte einen verzweifelten Weinkrampf: Dieser Raum ist leer, und er wird es für immer bleiben. Kai wird keine dieser Sachen, die hier herumliegen, je wieder benutzen.

Ich erkannte meine nächste Aufgabe. Aufräumen, wegräumen, anders nutzen, durch andere benutzen lassen. So bald wie möglich. Ich wußte ganz sicher, das war mein Weg.

Am nächsten Freitag war Sperrmülltag. Mit dem Mut der Verzweiflung machte ich mich an die Auflösung von Kais Welt in meinem Haus.

Kais private Schreibereien – seine Briefe, Schulsachen, Taschenkalender mit Tagebuchnotizen – kamen ungelesen ins Altpapier. Was er mir nicht hatte sagen oder zeigen wollen, sollte ich auch nicht wissen. Sein Intimleben wollte ich achten, aber es tat weh. Die bohrende, quälende Frage nach dem Warum seines Todes. Das tut heute noch weh – der fehlende, klärende Abschiedsbrief. So bleiben mir nur Vermutungen, Spekulationen. Richtige und falsche.

Seine wenigen Möbel kamen auf den Sperrmüll, bis auf sein Bücherbord, das nahm ich in mein Zimmer. Und ich bin immer noch froh, daß es dort steht.

Einige seiner Kleidungsstücke an seine Geschwister.

Ich werde mich in der kommenden Zeit jedesmal weinend freuen, wenn sie etwas davon tragen. Seinen dikken, von mir handgestrickten Lieblingspullover nahm ich für mich. Ich werde ihn in Zukunft immer dann anziehen, wenn ich vor äußerer und innerer Kälte meine, nicht mehr leben zu können. Kais Pullover wird mir Schutz und Wärme und Tränen schenken. Alles andere tat ich in die Tüten vom Roten Kreuz.

Seine Geschwister, sein Vater und ich suchten uns aus Kais Schallplatten, Cassetten und Büchern diejenigen aus, die wir gern für uns haben wollten. Ich hätte so gern einiges an Kais Freunde und Freundinnen verschenkt. Als Erinnerung. Aber sie wollten nicht. Das tat weh.

Eine große Maus aus Sackleinen legte ich in das Bücherbord an meinem Bett. Dort ist sie immer noch. Manchmal wurde und wird sie von mir verzweifelt in den Arm genommen.

Das Schlimmste: seine Schuhe. Die schaffte ich nicht ohne Hilfe. Meine Tochter Kirsten tat auf meine Bitte alle in den Mülleimer. Bis auf die Ski- und Schlittschuhe. Beide ganz neu. Weihnachtsgeschenke. Die vertraute ich meinem Sohn an: »Sie sind zu schade zum Wegwerfen. Verschenk sie oder verkauf sie. Aber laß es mich nicht wissen.« Auch fort. Ich weiß bis heute nicht wohin.

Schnell war alles verteilt – weggetan. So viel und so wenig, was an Dingen von einem Achtzehnjährigen bleibt. Noch ein großes, handgeflochtenes Behältnis für mich, in das ich Zeichen seines Lebens tat: Geburtsanzeigen, Schulzeugnisse, Sporturkunden, seine von ihm genähte Fahne, mit der er für Frieden und gegen Atomkraft demonstrierte. Nach kurzem Zögern folgten der Totenbrief, die Beileidspost. Symbole für Leben und Tod meines Sohnes. Ganz viel und doch zu wenig. So viele Jahre nicht mehr gelebt.

Trauer ist individuell – jeder bestehe auf seiner eigenen

Das war mein Weg. Damals dachte ich, alle Eltern handelten so. Aber dann erfuhr ich es ganz anders: Zimmer, die so erhalten wurden, wie sie im Zeitpunkt des Todes waren. Aufgeschlagene Bücher, Platten, die auf dem Plattenspieler liegen blieben. Der ausgezogene Pullover auf dem Stuhl.

Dieser Weg ist genauso gut und richtig. Ein Ort, der erinnert. Wo man sich dem toten Kind nahe fühlt. Wo man allein sein kann, ungestört weinen. Wo eine Ahnung des Kindes bleibt.

Manche Eltern räumen langsam auf. Geben jedes Jahr ein bißchen mehr fort von den Dingen des Verstorbenen. Manche tun das nie. Das muß jeder für sich entscheiden.

Wie oft werde ich heute von Müttern, deren Kinder gerade erst gestorben sind, gefragt: »Was mache ich mit den Bildern? Soll ich welche aufhängen von meinem toten Kind? Oder lieber nicht? Was ist besser? Hilfreicher? Richtiger?«

Nur das, was man selber als richtig erlebt. Nicht das, was ich getan habe oder jemand anderes.

Das ist vielleicht das Schwerste an der Trauerarbeit: Jeder muß in allem seinen eigenen Weg finden. Seine eigene Zeit. Aber das Leichteste ist es wohl auch: Das, was einem das Innere sagt, ist richtig. Man darf sich nicht von anderen beirren lassen.

Und solange dieses eindeutige Gefühl, so muß ich es tun, fehlt, muß man warten. Dann ist es noch nicht soweit. Die Gewißheit wird kommen.

Bei allem besteht jedoch eine Gefahr, um die man wissen sollte:

Nur nicht der Realität entfliehen

Das Zimmer des toten Kindes und seine Dinge sind sein Nachlaß. Erinnerungen. Nicht mehr Leben. Das aufgeschlagene Buch bedeutet, daß unser Kind darin gelesen hat. Nicht, daß es gleich kommt, um zu Ende zu lesen.

Das muß man sich klarmachen. Im Kopf behalten. Sonst verliert man sich im Irrealen. Das kostet zuviel Kraft. Hindert die Trauerarbeit. Macht krank auf Dauer.

Ich wollte nichts als sterben

Als junges Mädchen habe ich viele Schundromane gelesen, und es hat mich immer tief bewegt und gefreut, wenn jemand an gebrochenem Herzen starb. So groß also konnte Liebe sein.

Von dem grauenvollen Telefonat an, durch das ich von Kais Suizid erfuhr, bis viele Monate nach seinem Tod hatte ich immer wieder den sehnsüchtigen Gedanken: Eine richtige, eine gute Mutter würde beim Tod ihres Kindes tot umfallen. Oder wenigstens bis an ihr Lebensende wahnsinnig sein. Aber nichts dergleichen geschah mir. Ich wurde nicht einmal ohnmächtig. Das machte mich zu einem Ungeheuer. Bewies, welch lieblose, kalte und egoistische Mutter ich war. Ich lebte weiter.

Aber das Leben, das ich eher erlitt und erduldete als lebte, war schwer. Nach der Trauerfeier war ich endgültig allein. Allein in diesem leeren, kalten Haus, in dem Kai noch mit mir gelebt hatte. Allein mit drei Vorstellungen, die mich durch die Tage und Nächte jagten: Mein Sohn ist tot. Ich bin schuld. Ich will auch sterben. Nichts anderes hatte Platz in meinen Gedanken und Gefühlen. Höchstens noch eine leise, schuldbewußte Wut auf meine beiden lebenden Kinder. Wenn sie nicht wären, könnte ich auch abtreten. Mein Leben beenden. Nur der Gedanke an sie und ihr Leid verbot mir jeden Gedanken an einen Freitod. Ich konnte ihnen nicht noch eine Leiche zumuten. Daran hielt ich mich fest.

Versprach mir selbst, wenigstens ein Jahr durchzuhalten. Das war ich auch Kai schuldig. Denn von Anfang an hatte ich die sichere Gewißheit, daß er sich zerstören wollte, aber nicht auch mich.

Trotzdem gönnte ich mir Tagträume. Lag auf meinem Bett, bildete mir ein, Krebs zu haben. Natürlich im Endstadium. Unbehandelbar. Welch elegante Lösung – ich wäre dieses grauenhafte Leben los, ohne daß mir jemand einen Vorwurf machen könnte. Aber das dauerte nie sehr lange, ich wußte ja, daß ich kerngesund war. Sicher hatte ich Magenschmerzen, Kopfschmerzen, Schwindelanfälle, Schweißausbrüche – aber alles war psychosomatisch oder Folge der Wechseljahre. Ich würde also weiterleben – meinen Sohn Kai überleben. Aber ich wußte nicht wie.

Sich Krücken anschaffen zum Weiterleben

Inmitten all der Verzweiflung konnte ich aber doch immer wieder klar denken. Überlegte, was mir am schwersten fiel. Morgens aufstehen, wenn ich nicht zur Arbeit mußte, war furchtbar und oft nicht zu schaffen. Nach draußen gehen, weil dort lebende Menschen herumliefen. Die mich manchmal sogar ansprachen. Genauso schwer, in das leere, tote Haus einzutreten, wenn ich es nach draußen geschafft hatte. Am Ende dieser Überlegungen stand mein Entschluß fest: Ich kaufte mir einen Hund.

Seinetwegen mußte ich nun jeden Morgen mein schützendes Bett verlassen. Mußte draußen lange Spaziergänge machen. Meine Angst vor Menschen wurde kleiner und weniger quälend, weil Nachbarn und Bekannte, manchmal sogar fremde Hundebesitzer mich ansprachen, um ausschließlich über diesen Hund zu reden. Niemand sah mehr sprachlos an mir vorbei – keiner stellte mehr diese schmerzende Frage: Warum hat Kai das getan?, die ich ja doch nicht beantworten konnte. Auch das Nachhausekommen wurde leichter. Momos Freudenausbrüche verhinderten die Weinkrämpfe, die bis dahin üblich waren. Ich weinte nur noch leise, während ich aufpaßte, daß ich nicht umgeworfen wurde.

Da ich zu dieser Zeit nur auf halber Stelle arbeitete, begann ich mit dem Studium der Soziologie. Das war meine zweite Krücke. Ich belegte nur eine einzige vierstündige Vorlesung über Statistik. Erst war es schwer, zwischen all den Altersgenossen von Kai zu sitzen. Aber ich gewöhnte mich. Viele dieser Erstsemester waren auch sehr nett zu mir, baten mich hin und wieder sogar um Hilfe. Und zu Hause konnte ich wenigstens stundenweise an irgendwelchen Zahlen, Diagrammen, Kurven herumgrübeln, statt immer nur am Freitod meines Sohnes.

Ich möchte allen verwaisten Eltern dringend empfehlen, irgend etwas Neues in ihr Leben hineinzunehmen. Etwas, was es beim Tod ihres Kindes noch nicht gab. Ich weiß, daß das erst schwer und unmöglich erscheint, aber es kann sehr beim Weiterleben helfen. Es bringt ein kleines Stückchen Freude und Kraft und Erfolg gegen all die Verzweiflung und den Schmerz.

Überlebenstraining

Stundenweise kämpfte ich in diesem Jahr um mein Leben. Irgendwann hatte ich in einem Aufsatz über die Anonymen Alkoholiker gelesen, daß jemand, der sich von seiner Sucht befreien will, nur in ganz kurzen Zeitabständen plant. Etwa: heute trinke ich nichts. Nicht: ich will nie mehr trinken. Das wäre viel zu schwer. Für mich und meine Situation habe ich diesen Gedanken abgeändert: die nächste Stunde schaffe ich noch – so lange halte ich das Leben noch aus.

Und wenn es dann auch so nicht mehr auszuhalten war, sah ich auf die Liste über meinem Bett: Nach einer Empfehlung der Trauerpädagogin R. Smeding hatte ich mir in einer etwas besseren Stunde aufgeschrieben, was mir vor Kais Tod alles Freude gemacht hatte. Was ich gern tat. Was mir Wohlbefinden verschafft hatte. Und zwar in der Reihenfolge des Schwierigkeitsgrades. Die Liste fing an mit duschen – baden – schwimmen – heißen Tee oder Kakao trinken, ging über Kuchen bakken und stricken – Schlittschuh laufen – Gedichte lesen bis zu Theater und Ausstellungen und Konzerten.

In den Stunden voller verzweifelter Todessehnsucht, in denen ich natürlich nichts anderes wollte als sterben, habe ich mich gezwungen, etwas von dieser Liste zu tun. Ich machte mir klar, daß ich das Leichteste, also duschen, noch gerade schaffen könnte, daß es vielleicht geringfügig helfen würde. Selbst ein Bad zu nehmen war oft zu viel und zu schwierig. Aber mich unter die Dusche hocken und die Hähne aufdrehen, das ging. Da saß ich dann weinend, während das heiße Wasser auf mich herabrieselte. Und irgendwann war es dann etwas besser, konnte ich mir vielleicht sogar noch einen Tee machen und danach etwas schlafen. So habe ich mich langsam die Liste heruntergearbeitet. Fing immer wieder ganz oben an. Aber ich kam weiter. Auch mit der Hilfe anderer. Es hat Jahre gedauert, bis ich wieder ein Konzert besuchen konnte, aber ich hatte ja Zeit.

Sich loben, nicht tadeln

Jeden Abend überdachte ich den Tag. In der ersten extremen Trauer war es mir oft unmöglich, auch nur die gewohnte alltägliche Arbeit zu tun. Angesichts dieser vielen leeren Tage habe ich mich daran gewöhnt, damit zufrieden zu sein, daß ich noch lebte. Nichts getan, aber wieder einen Tag geschafft, ohne zu sterben. Gut! Sogar den Hund versorgt. Besser!

Im Laufe der Zeit wurde es mehr. Bis ich fast wieder mein normales Tagespensum schaffte. Aber bis dahin habe ich mein möglichstes getan, mich nicht auch noch zu beschimpfen. Die Vorstellungen, daß ich nichts mehr taugte, unnütz war, faul, apathisch, voll tödlichen Selbstmitleids, lagen ja leider immer sehr nahe. Tun es auch heute noch. Aber ich habe gelernt, mich dagegen zu wehren.

Medikamente

Grundsätzlich bin ich immer gegen Schmerzmittel und Psychopharmaka gewesen. Trotzdem habe ich nach dem Tod meines Sohnes phasenweise besonders letztere geschluckt. Ganz sicher nicht, um den Schmerz zu verringern. Sondern entweder, weil meine Suizidgefährdung zu groß wurde, oder damit ich endlich etwas schlafen konnte. Ich habe sehr unter Schlaflosigkeit gelitten, sowohl unter Einschlaf- als auch unter Durchschlafstörungen. Wenn alles nichts mehr half – stundenlange Spaziergänge, Schwimmen, Radfahren, Weinen bis zur Erschöpfung –, nahm ich eben eine Tablette. Denn tagelanges Wachsein mit nur zwei bis drei

Stunden Schlaf nachts brachten mich immer wieder zusätzlich an die physischen und psychischen Grenzen meines Durchhaltevermögens. Die meisten Mütter, mit denen ich Kontakt hatte, haben sich ähnlich verhalten. Eigentlich ein Nein zu Chemie in der Trauer – ausnahmsweise aus zu großer Not doch ein Ja. Soweit ich weiß, ist keine von uns medikamentenabhängig geworden.

Alkohol und Nikotin

Natürlich hilft es nicht, Alkohol zu trinken. Eher im Gegenteil. Trotzdem habe ich zeitweilig immer wieder gar nicht wenig getrunken. Glühwein oder heiße Milch mit Honig und Wodka aus einer unerträglichen inneren und äußeren Kälte heraus und dem Wunsch, endlich etwas schlafen zu können. Gut fand ich das nicht, aber ich war recht gelassen der Meinung, lieber alkoholabhängig als tot. Aber man muß vorsichtig sein: Gerade bei großer Suizidgefährdung kann viel Alkohol die letzten Reste von Lebenswillen beseitigen.

Ich habe einige Eltern kennengelernt, die – genau wie ich – nach dem Tod ihrer Kinder von mäßigen zu sehr starken Rauchern wurden. Natürlich ist das sehr bedauerlich. Es hilft auch nicht bei der Bewältigung der zu leistenden Trauerarbeit. Es ist wohl eher etwas Selbstzerstörerisches, von dem man sich nicht lösen kann. Aber auch das habe ich hingenommen als Teil meines Noch-nicht-wirklich-leben-Könnens. Langsam scheint sich eine Veränderung anzubahnen. Mir erscheint mein Leben wieder wertvoll und schützenswert. Und ich glaube, daß ich bald den Willen und die Kraft haben werde, mit dieser Sucht ganz aufzuhören.

Kontakt mit Hausarzt/ärztin halten

Obwohl Trauer natürlich keine Krankheit ist, halte ich eine nahe Verbindung zu einem Hausarzt für lebenswichtig. Wenn man bis dahin keinen hatte, sollte man sich dringend jemanden suchen, dem man den Tod seines Kindes anvertrauen kann. Es melden sich in der Trauerzeit häufig psychosomatische Krankheiten, dafür braucht man einen Mediziner, der um das Warum weiß. Der uns kennt, den Überblick behält, zur Not Medikamente verschreibt oder uns mit einer Krankschreibung von der täglichen Arbeit zeitweilig entlastet, wenn uns alles zuviel wird.

Endlich nicht mehr allein

Der 1. Februar 1986 war endlich da. Nach einer Ewigkeit von Schmerz, Todessehnsucht, Wut und Schuld stand ich wieder einmal am Grab meines Sohnes. Kai war ein Jahr tot, und ich lebte noch. Ein winziges bißchen Stolz: Bis hierher hatte ich es immerhin geschafft. Überwältigend aber das verzweifelte Gefühl, daß ich so nicht würde weitermachen können. Ich brauchte Hilfe.

Aber wo? Bei Familienangehörigen (meine Kinder nicht gerechnet) und Freunden nicht. Das hatte ich erfahren. Immer wieder das gleiche. Schmerzhaft. Trostlos: Du mußt dich zusammenreißen. Arbeite. Geh ins Kino. Lach doch endlich mal. Kais Tod ist doch schon ein Jahr her. Du mußt an dich denken. Dich auf dein Leben konzentrieren. Denk an deine anderen Kinder. Laß dich nicht so hängen. Beiß dich nicht in der Trauer fest.

Natürlich meinten sie es gut. Sorgten sich um mich. Aber ich fühlte mich nur weggestoßen. Unverstanden. Unter Druck gesetzt. Geriet in eine immer stärkere Isolierung. Nicht nur innerlich. Auch äußerlich. Denn wenn diese wohlmeinenden Ratgeber sich nicht von selbst von mir entfernten, stieß ich sie fort: Du verstehst einfach nicht, laß mich allein. So wurde das große, schwarze, kalte Loch, in dem ich vegetierte und litt, immer größer, schwärzer, kälter.

Ich mußte da heraus.

Als erstes fiel mir Psychotherapie ein. Meine Versuche schlugen fehl. Weder bei einem Mann noch bei einer Frau fühlte ich mich im geringsten verstanden. Sie wehrten meine Qual ab mit Ausweichmanövern und Leistungsanforderungen, die ich ja nun schon kannte. Und irgendwo ganz tief drinnen wußte ich einfach ganz sicher, daß ich auf meiner Trauer bestehen mußte, wenn ich irgendwann einmal wieder richtig leben wollte.

Ich versuchte es mit Lesen. Zu meiner Überraschung gab es erstaunlich viele Bücher über Trauer. Theoretische von Fachleuten – andere mit Berichten über eigene Erfahrungen. Aber es half nicht viel. Ich konnte mich nur schwer konzentrieren, fand auch nur wenig Hilfreiches über Selbsttötung. Blieb weiterhin isoliert. Einsam. Allein in meinem Elend.

Dann erfuhr ich durch eine Zeitungsnotiz von der Selbsthilfegruppe Verwaiste Eltern in Hamburg. Immer wieder griff ich zum Telefon, wollte mich erkundigen. Schaffte es wochenlang nicht. Aber dann stand ich an einem Montagabend doch vor der Haustür der Evangelischen Akademie. Mit panischer Angst, daß man mich hier zurückweisen würde. Weil ich allein lebte, ohne Kais Vater kam. Und weil Kai seinen Tod selbst herbeigeführt hatte – nicht durch Krankheit gestorben war oder durch Unfall.

Endlich verstanden

Die Gruppe kannte sich, hatte sich schon zweimal getroffen. Als erstes sollte ich von meinem toten Kind erzählen, wenn ich wollte und konnte. Ich verspürte eine erste zaghafte Erleichterung: von Kai wollte sonst ja niemand mehr etwas hören.

Als ich mit meinen wenigen Sätzen zu Ende war, hörte ich gerade noch: »Unter uns sind fünf Eltern, die ein sehr ähnliches Kind wie Kai auch durch Suizid verloren haben.« Dann weinte ich los – so, als ob ich überhaupt noch nicht um meinen Sohn geweint hätte. Ich weinte um ihn, um mich, um diese anderen toten Jugendlichen, um ihre Eltern. Ich konnte gar nicht wieder aufhören. Und ich erlebte das Wunder, daß man mich weinen ließ. Keine Zurechtweisungen – kein Streicheln – keine unbeholfenen Sätze. Ich sah ungläubig kurz hoch. Störte ich wirklich niemanden? Eine andere Mutter weinte auch, zwei oder drei nickten mir mit leisem, traurigen Lächeln zu, die anderen unterhielten sich. Ich konnte und durfte tatsächlich weinen. Hier wußten sie von anderen jungen Menschen wie Kai, die sich das Leben genommen hatten. Hier waren ihre Eltern, die dasselbe erleben mußten wie ich. Mit denen ich mich würde verständigen können.

Mir war, als hätte ich endlich ein Zuhause für mich und meine Trauer gefunden. Ich konnte es kaum glauben – überhaupt nicht fassen. Ich würde nicht mehr allein sein mit diesem Leid und dieser Verzweiflung. Endlich reden können von meinem Sohn und meinem Schmerz. Wieder zuhören können ohne die Verletztheit und Abwehr der vergangenen Zeit.

Ich bemerkte, daß ich gar nicht mehr um Kai weinte, sondern um mich. Um diese schmerzvolle Verlassenheit der letzten 14 Monate. Und hörte mit Weinen auf. Sah lächelnd hoch, wandte mich der Gruppe zu.

Zum ersten Mal seit Kais Tod hörte ich freiwillig zu weinen auf. Bisher hatte ich es immer aus Rücksicht auf die anderen getan, die mich und meinen Schmerz nicht aushielten. Ihn nicht wollten. Nicht ertragen konnten. Das war hier nicht nötig. Hier störte meine Trauer niemanden. Hier gehörte sie her. Zu diesen anderen Eltern – acht Müttern, einem Vater, die auch am Tod ihrer Kinder litten.

Mir wurden die Mitglieder der Gruppe vorgestellt. Ihre Kinder. Zwei sind durch Krankheit verstorben, eines durch einen Verkehrsunfall. Und dann wurden die Sätze gesprochen und angehört, die sonst so oft ungesagt blieben und nicht gehört werden wollten: »Mein Sohn war auch im Abitur – er hat sich ebenfalls vergiftet wie Kai.« »Meine Tochter hat sich erhängt.« »Mein Sohn auch, er war 26 Jahre alt und Maler.« »Unser Sohn hat sich vor den Zug geworfen. Er war auch einer dieser sensiblen Hochbegabten.« »Gabriele ist vom Hochhaus gesprungen.«

So viele unserer Kinder werden nie 26 Jahre alt. Wie viele und warum nicht?

Die Angaben stammen vom Statistischen Bundesamt in Wiesbaden und von seiner Zweigstelle in Berlin (früher Institut für Medizinische Statistik und Datenverarbeitung der DDR).

1985 starben Kinder und Jugendliche bis 25 Jahre:

Alte Bundesländer		*Neue Bundesländer*
männl.	9304	
weibl.	5097	
zus.	14401	6347
Darunter durch Krankheit:		
männl.	4817	
weibl.	3606	
zus.	8423	4470
Durch Unfälle und Gewalteinwirkung:		
männl.	3381	
weibl.	1188	
zus.	4569	1411
Darunter Verkehrsunfälle:		
männl.	2373	
weibl.	757	
zus.	3130	
Durch Suizid starben:		
männl.	1068	
weibl.	282	
zus.	1350	456
Durch Drogenmißbrauch starben:		
männl.	38	
weibl.	21	
zus.	59	

1986 starben Kinder und Jugendliche bis 25 Jahre:

Alte Bundesländer   *Neue Bundesländer*
männl.   9260
weibl.   4938
zus.   14198   5967

Darunter starben durch Krankheit:
männl.   4973
weibl.   3498
zus.   8471   4262

Durch Unfälle und Gewalteinwirkung:
männl.   3335
weibl.   1154
zus.   4489   1341

Darunter Verkehrsunfälle:
männl.   2410
weibl.   729
zus.   3139   keine Angaben

Durch Suizid starben:
männl.   933
weibl.   272
zus.   1205   364

Durch Drogenmißbrauch starben:
männl.   19
weibl.   14
zus.   33

1987 starben Kinder und Jugendliche bis 25 Jahre:

Alte Bundesländer   *Neue Bundesländer*
männl.   8879
weibl.   4705
zus.   13584   5554

Darunter durch Krankheit:
männl.   4923
weibl.   3402
zus.   8325   3973

Durch Unfälle und Gewalteinwirkung:
männl. 3 014
weibl. 1 064
zus. 4 078   1 248

Darunter Verkehrsunfälle:
männl. 2 193
weibl. 680
zus. 2 873   keine Angaben

Durch Suizid starben:
männl. 890
weibl. 218
zus. 1 108   343

Durch Drogenmißbrauch starben:
männl. 52
weibl. 21
zus. 73

1988 starben Kinder und Jugendliche bis 25 Jahre:

Alte Bundesländer   *Neue Bundesländer*
männl. 8 692
weibl. 4 555
zus. 13 247   5 292

Darunter durch Krankheit:
männl. 4 842
weibl. 3 313
zus. 8 155   3 749

Durch Unfälle und Gewalteinwirkung:
männl. 2 980
weibl. 980
zus. 3 960   1 229

Darunter Verkehrsunfälle:
männl. 2 200
weibl. 656
zus. 2 856   keine Angaben

Durch Suizid starben:
männl. 785
weibl. 218
zus. 1003 314

Durch Drogenmißbrauch starben:
männl. 85
weibl. 44
zus. 129

1989 starben Kinder und Jugendliche bis 25 Jahre:

Alte Bundesländer   *Neue Bundesländer*

männl. 8209
weibl. 4495
zus. 12704   4843

Darunter durch Krankheit:
männl. 4668
weibl. 3322
zus. 7990   3433

Durch Unfälle und Gewalteinwirkung starben:
männl. 2734
weibl. 940
zus. 3674   1157

Darunter Verkehrsunfälle:
männl. 2002
weibl. 636
zus. 2638   keine Angaben

Durch Suizid starben:
männl. 696
weibl. 189
zus. 885   253

Durch Drogenmißbrauch starben:
männl. 111
weibl. 44
zus. 155

Die höchste Zahl von Suiziden bei Jugendlichen liegt in den Jahren zwischen 1985 und 1989 im Alter zwischen 20 und 25 Jahren!

Aufruhr der Gefühle – macht Trauer verrückt?

Unsere Kinder waren alle innerhalb eines halben Jahres gestorben, so daß sich alle Eltern dieser Gruppe mehr oder weniger in derselben Trauerphase befanden. Wir hatten den Tod unserer Kinder als Realität akzeptiert. Auch wenn manche von uns – besonders die Mütter, die ihre Kinder nicht tot gesehen hatten – immer wieder in die erste Phase des Unglaubens, der Verleugnung, des Nicht-wahrhaben-Wollens zurückfielen: »Ich glaube es einfach nicht, daß das unser Sohn war. Karsten war vorher beim Friseur gewesen. Sein Vater wußte das nicht, hat deshalb den Falschen identifiziert.« Lange dauerten diese Rückfälle nicht. Die Realität des Todes holte die Mutter wieder ein.

Aber da gab es noch etwas. Ich horchte auf, als eine andere Mutter weinend sagte: »Ich würde mich nirgendwo anders als hier in der Gruppe trauen, das zu sagen: Ich habe solche Angst, wahnsinnig zu werden. Ich sehe meine Tochter manchmal. Ganz kurz, aber ganz wirklich. Dabei war ich doch dabei, als sie an Krebs starb.« Sie schaute hilflos auf. Lautes Durcheinander. Wir alle erzählten von Ähnlichem. Ich hatte Kai auch schon gesehen. Besonders oft aber hörte ich seine Stimme. Meist am Telefon, wenn ich den Hörer abnahm und der Anrufer sich nicht sofort meldete. Wir waren uns einig: Diese Erlebnisse waren sehr real. Trafen uns völlig unvorbereitet, wenn wir mit etwas ganz anderem beschäftigt waren. Erfüllten uns mit schmerzender Sehnsucht, machten besonders große Angst: Waren wir dabei, vor Schmerz den Verstand zu verlieren? Die Diplom-Psychologin J. Rust-Kensa, die diese Selbsthilfegruppe begleitete, konnte uns beruhigen: »Das ist ganz normal und passiert sehr häufig bei unerwarteten Todesfällen. Der Verstand des Hinterbliebenen hat sich noch nicht an die neue Realität gewöhnt und hält sich noch an das, was so lange und so intensiv erlebt wurde. Im Laufe der Zeit wird das dann von selbst aufhören.« Wir waren alle erleichtert. Nahmen uns allerdings vor, zu anderen gar nicht erst davon zu sprechen. Sie würden es doch nicht verstehen.

In mir verstärkte sich das gute und tröstliche Gefühl, in einer verschworenen Gemeinschaft Zuflucht gefunden zu haben: wir trauernden verwaisten Eltern gegen den Rest der Welt.

Menschen, die meine Sprache sprechen

Ausgerechnet der einzige Vater der Gruppe faßte zusammen, was wir alle erlebten: »Ich bin gar nicht mehr ich selbst. Ich war immer Herr meiner Gefühle. Aber jetzt werde ich von ihnen beherrscht. Von ihnen hin- und hergeworfen. Meine Emotionen sind nicht nur fast außerhalb meiner Kontrolle – sie sind auch in sich sehr widersprüchlich. Daß ich Schmerz und Verzweiflung erlebe, erscheint mir ja richtig und selbstverständlich. Aber daneben sind auch Wut und Zorn. Und vor allem Angst, die ich überhaupt nicht verstehe. Ich fürchte mich heute vor Dingen und Situationen, die mir nie angst gemacht haben. Oft ist meine Angst auch so diffus und undeutlich, daß ich nicht einmal weiß, was mich eigentlich ängstigt. Am schlimmsten natürlich die Schuldgefühle. Immer wieder. Täglich. Was ich alles bei meinem Sohn falsch gemacht habe. Versäumt habe. Daß ich nicht erkannt habe, wie er am Leben verzweifelte. Und dann noch meine Depressionen – dieses Gelähmtsein. Na, Sie kennen das ja alles.«

Damit gab er sozusagen die Überschrift, unter der wir uns hier monatelang trafen. Gemeinsam arbeiteten wir uns durch diese zweite Phase der Trauer – den Aufruhr der Gefühle. Mit nur unbedeutenden Unterschieden erlebten wir alle das gleiche. Hier in der Gruppe konnten wir Dinge sagen, die sonst auf Unverständnis und Abwehr stießen. Konnten weinen – wimmern – schreien – schimpfen – schweigen – lachen – gerade so, wie es uns war. Und jeder von uns wußte sich von den anderen der Gruppe verstanden. Hier holten wir uns immer wieder die beruhigende, nötige Bestätigung: Mir geht es nicht allein so. So empfinden auch andere verwaiste Eltern. Ich werde nicht verrückt. Bin kein pathologischer Fall eines in der Trauer steckengebliebenen Menschen. Ich bin richtig so. Diese Ausnahmesituation, daß mein Kind tot ist, während ich lebe, verursacht zu Recht Ausnahme-Gefühle und -Empfindungen. Und das können nur die genauso Betroffenen verstehen. Es ist uns egal, was »die anderen« dazu meinen.

Diese Wörter »die anderen« wurden sehr oft ausgesprochen. Wir meinten damit die, die kein Kind verloren hatten. Die Nichtbetroffenen. Die normale Welt, zu der wir nicht mehr gehörten und die uns in unserer Trauer so wenig annahm.

Es tut so unendlich und unerträglich weh

Ich erspare es mir, die Palette von Schmerz, Leid, Verzweiflung, Qual und Not zu schildern, die uns beim

Tod unseres Kindes überfällt. Erstens ist es mir nicht möglich, denn Worte sind hier unangemessen. Zweitens kennen die meisten Leser sie leider aus eigener Erfahrung bzw. nimmt sie der Professionelle bei seinen Patienten wahr.

Aber ich möchte Mut machen, diese Gefühle zu leben. Sie herauszubringen. Zu äußern. Es ist gut, nicht schlimm, zu weinen. Zu klagen. Zu schreien. Es erleichtert. Hilft unserer Seele, mit diesem Trauma fertigzuwerden. Jede nötige, nicht geweinte Träne bleibt in uns stecken und macht krank. Der Schmerz um ein totes Kind kann nicht verdrängt werden, er meldet sich wieder und wieder. Und wenn er sich gar nicht durchsetzen kann, meldet er sich in anderer Gestalt: als Magengeschwür, Kopfschmerz, Hauterkrankung usw.

Natürlich stört das »die anderen«. Sie wollen unser Leid nicht sehen und nicht hören. Aber ich habe mich daran gewöhnt zu denken, daß das ihr Problem ist und nicht meines. Ich muß nicht auf sie Rücksicht nehmen. Ich muß jetzt vor allem an mich denken und an meinen toten Sohn. Immer wieder, wenn ich wieder einmal ganz unpassend in Tränen ausbreche und Unverständnis und Unwillen errege, dieser rettende, helfende Gedanke: Das ist mir mein Sohn wert!

Sich mit dem Schmerz einrichten

Schon nach wenigen Wochen hatte ich begriffen, daß täglich eine bestimmte Menge Leid und Verzweiflung aus mir herausmußte. So und so viele Tränen geweint werden mußten. Ich habe mich daran gewöhnt, mir innerhalb meines Tagesablaufs meine »Trauerpausen« einzurichten. Mehrmals am Tag zog ich mich kurz zurück, um mich meinem Schmerz hinzugeben. War ich zu verkrampft und zu elend, um von allein zu weinen, genügte ein Blick auf eine Fotografie meines Sohnes, eines seiner Dinge oder auch einige Takte von einer seiner Schallplatten, um die Tränen aus mir herauszubringen. Das erleichterte. Es half vor allem zu verhindern, daß ich tagsüber bei den unpassendsten Gelegenheiten in Weinen ausbrach. Je häufiger und je regelmäßiger ich das machte, um so kürzer wurden diese »Trauerpausen« – im Laufe der Monate und Jahre auch um so seltener.

Offen sein zu anderen

Manchmal tat es gut, allein mit dem Schmerz zu sein. Aber oft brauchte ich dazu auch die Gemeinschaft mit einem anderen Menschen. Jemanden, der mit mir traurig war. Am einfachsten war das natürlich in der Gruppe. Aber es ging sogar mit einzelnen Gruppenmitgliedern am Telefon. Ich brauchte nur eine Nummer zu wählen, konnte mich einfach weinend melden. Die angerufene Mutter verstand sofort, ließ mich schluchzen, von Kai reden, was immer ich wollte, bis ich dankend wieder auflegte. Nie sagte eine »nein« oder »keine Zeit«. Aber ich tat es den anderen gegenüber auch nicht. Erlebte, daß Hilfegeben mir auch selber half.

Als ich einmal niemanden erreichen konnte, nahm ich all meinen Mut zusammen und lief zu einer Nachbarin. Ich sagte ihr, daß ich sehr verzweifelt sei, Hilfe brauche. Daß es für mich das Beste sei, nur von Kai zu reden. Daß sie mich bitte nicht ablenken solle von meinen schmerzlichen Erinnerungen. Daß sie mich traurig sein lassen solle. Daß es am wichtigsten und hilfreichsten für mich sei, einfach nur weinen zu dürfen. Daß sie mich gar nicht zu trösten brauche, nur aushalten – vielleicht im Arm oder an der Hand halten. Sie hat mir jede Bitte erfüllt. Mir sehr über eine böse halbe Stunde hinweggeholfen.

Ich habe das später noch bei anderen getan und erfahren, daß unter »den anderen« einige waren, die zwar hilflos gegenüber meiner Trauer waren, aber wirklich helfen wollten. Die einfach nicht wußten, wie sie mit mir und meiner wütenden Verzweiflung umgehen sollten. Auch so habe ich Hilfe bekommen beim Ausleben meiner Gefühle. Oft von Menschen, von denen ich es am wenigsten erwartet hatte.

Daß es dagegen andere gab, die mir und meinem Schmerz gerade wegen der Freiwilligkeit von Kais Tod auswichen, habe ich zu akzeptieren gelernt. Für einige Menschen ist eine Selbsttötung immer noch ein Verbrechen, ein Selbstmord. In anderen löst er Angst aus: Dieses Leben, das so wertvoll erscheint und lebenswert, wird sehr relativiert, wenn manche Menschen sich entschließen, es nicht mehr zu wollen. Daß der Tod, den doch die meisten so fürchten, dem Leben vorgezogen wird, rührt an Tabus. Wahrscheinlich habe ich selber ähnlich empfunden – vor dem Freitod meines Sohnes.

Mein Schmerz ist sanfter geworden in diesen sechs Jahren, erträglicher, lebbarer. Nur noch selten bricht er so stark hervor wie am Anfang meiner Trauerzeit. Oft ist er gar nicht mehr spürbar – für Stunden, die immer länger werden. Ganz wird er wohl nie vergehen. Und das ist gut und richtig so für mich. Ich möchte es nicht anders haben.

Am schlimmsten: diese unbändige Wut

Menschen, die mein Leid mit mir aushielten, habe ich gefunden. Ganz anders bei meinen Aggressionen. Die verstand niemand mehr. Ich auch nicht so recht. Wenn ich etwas davon äußerte, versuchte jeder, es mir auszureden. Dabei war ich nach Kais Tod von einem so wahnsinnigen Zorn besessen, wie ich es noch nie im Leben gewesen bin. Ich war wütend gegen alles und gegen jeden.

Da war vor allem Wut gegen diese Gesellschaft, in der mein Sohn nicht leben wollte. Gegen seine Freunde und Lehrer, die ihm nicht geholfen hatten in seiner verzweifelten Einsamkeit. Gegen seinen Vater, seine Geschwister und vor allem gegen mich, seine Mutter, die wir ihm nicht genug liebevolles Zuhause gegeben hatten, um ihn am Leben zu erhalten. Gegen die Ärzte, die ihn nicht hatten retten können. Gegen Krankenwagen und Hamburger Verkehrsverhältnisse, die ihn nicht schnell genug ins Krankenhaus kommen ließen. Gegen den Chemielehrer. Gegen Gift. Überhaupt gegen alles, an was ich denken konnte. Am liebsten hätte ich den ganzen Tag nur noch weinend um mich geschlagen. Das machte mir Sorgen: Ich hatte Angst, durch all die Schmerzen und Aggressionen bösartig zu werden.

Erst in der Gruppe erlebte ich, daß die anderen Eltern auch zornig waren. Erfuhr, daß zu jeder Trauer Aggressionen gehören. Die sich oft sogar gegen den Toten selbst richten.

Das habe ich nie gefühlt. Obwohl ich mir manchmal sogar Mühe gegeben habe, auf Kai böse zu sein. Ich wußte, er hätte nichts dagegen gehabt. Er hatte früher so oft über mich gelacht: »Wie herrlich wütend du sein kannst, Mutti.« Aber ich konnte nicht. Sein Leid und seine Verzweiflung standen mir im Wege. Das höchste, was ich schaffte, war nach über drei Jahren ein geflüstertes »Kai, was hast du mir und deinen Geschwistern angetan? Was hast du aus unseren Leben gemacht?«. Mehr nicht. Vielleicht ein leiser Vorwurf, Wut bestimmt nicht. Ich habe eine Mutter kennengelernt, die auf ihre tote Tochter zornig war. Ich habe sie glühend beneidet, sie litt sehr viel weniger unter Depressionen als wir anderen.

Jeder, der trauert, sollte wissen, daß zur Trauer Aggressionen gehören. Daß sie bei Suizid sehr viel stärker sind als bei anderen Todesfällen. Und daß man damit am wenigsten verstanden wird.

Auch Aggressionen müssen heraus

Dieses Gefühl der Wut muß gelebt werden, sonst wird der Trauernde depressiv. Offenbar ganz instinktiv habe ich im ersten Trauerjahr – anders als sonst – beim Schwimmen wie eine Wahnsinnige mit den Armen auf das Wasser geschlagen. Habe bei meinen langen, einsamen Spaziergängen im Wald wie eine Verrückte Äste zertrampelt. Mit dem Schirm Blätter und Äste abgeschlagen. Habe bei allem »Scheiße« geschrieen – dieses Wort, das ich nie benutzt hatte, bis mein Jüngster es mir beibrachte. Im Gegensatz zu seinen älteren Geschwistern ließ er es sich nämlich nicht ausreden, als er es auf der Straße aufgeschnappt hatte.

In der Gruppe war es natürlich leicht. Wir waren oft zornig. Schimpften auf alles mögliche, das nach unserer Meinung mit dem Tod unserer Kinder zusammenhing. Weinten dabei. Lachten sogar manchmal, denn manche dieser Wutausbrüche grenzten ans Groteske. Wir machten uns aber auch Mut, einige dieser Aggressionen nach draußen zu tragen und sie zu äußern.

Später habe ich im Rahmen von Trauerseminaren erlebt*, wie man diese Wut gezielt körperlich abarbeiten kann, z.B. durch Schläge mit einem Gummiknüppel

---

* Trauererfahrung nach Kübler-Ross

auf alte Telefonbücher. Ich stand diesem Abreagieren zunächst sehr skeptisch gegenüber. Schaffte es auch erst überhaupt nicht. Habe dann aber erfahren, welch ungeheure Hilfe und Erleichterung so etwas sein kann.

Aber einen Teil dieser Wut will ich behalten. Ich halte sie für berechtigt und gesund: Diese Welt und ihre Menschen sind besonders für unsere Kinder und Heranwachsenden nicht so, wie sie sein sollten und könnten. Vielleicht gibt mir dieser Zorn, der mir aus dem Verlust meines achtzehnjährigen Sohnes erwächst, den Mut und die Kraft, ein wenig von dem Unrecht und den Mißständen zu verringern, unter denen mein Sohn so sehr litt: Unfreiheit – Hunger – Krieg – Folter – Zerstörung der Umwelt – Mißbrauch von Macht sowohl im privaten als auch im politischen Bereich.

Angst vor allem

Nur eines machte mir keine Angst mehr, nachdem ich meinen Sohn sterben sah: der Tod. Ich habe schnell gelernt, das für mich zu behalten, denn in dieser Gesellschaft mit ihren Tabus wird man dadurch schnell zum Außenseiter, zum Ärgernis, zu jemandem, der gemieden wird.

Aber alles andere machte mir angst. Wirklich alles, dabei war ich nie ein ängstlicher Mensch gewesen. Ich fürchtete mich, auf die Straße zu gehen – mit Menschen zu reden – sogar davor, fremde Menschen zu sehen, die lebendig waren und vor mir hergingen. Daß das Leben weiterging nach dem Tode meines Sohnes, als wenn nichts geschehen wäre, war unvorstellbar. Absurd. Furchtbar. Machte angst. Außerdem fühlte ich selber mich wie zerstört. Immer wieder die zwanghafte Vorstellung: Kais Tod hat mir das Rückgrat gebrochen.

Ich kann nichts mehr. Gar nichts. Angst vor den einfachsten alltäglichen Verrichtungen.

Mit diesem Gefühl der Angst umzugehen habe ich als Gratwanderung erlebt. Ich habe sie oft berücksichtigt. Vieles, vor dem ich mich zu sehr fürchtete, einfach nicht getan. Ich habe sie aber auch bekämpft. Mit Vorsicht. Mit Geduld. Mich immer wieder an Dinge gewagt, die mich ängstigten. Mir Hilfe anderer Menschen dabei geholt. Besonders aus der Gruppe. Und ich habe mich dabei genau beobachtet. Wenn es mir an manchen Tagen noch schlechter ging als sonst, war oft zu erkennen, daß ich mich wieder überfordert hatte. Wieder meine Angst nicht ernst genug genommen hatte. Dann habe ich das, worum es dabei ging, erst einmal wieder gelassen. Mich erst später wieder daran versucht.

Trauer ist individuell – jeder bestehe auf seiner eigenen

Ich möchte hier noch einmal diese beiden Sätze aus dem 4. Kapitel wiederholen. Sie sind die wichtigsten Aussagen überhaupt, müßten eigentlich auf jeder Seite stehen und gelten für alles, was ich hier schreibe. In der Trauer muß jeder seinen Weg finden. Seine eigenen Gefühle erkennen. Seine Belastbarkeit kennenlernen. Man darf sich nicht von anderen hineinreden lassen, nicht einmal von anderen verwaisten Eltern. Denn jeder von uns hat seine eigene Art und seine eigene Zeit für seine Trauer.

Ich allein bin die Schuldige

Dessen war ich absolut sicher. Wer sonst als ich, die ich diesen Sohn geboren habe und nicht zum Leben erziehen konnte, sollte für seinen Tod verantwortlich sein?

Das Grauenvolle dieser Gewißheit ließ sich auch nicht lindern, indem ich mich an das Krankenhaus erinnerte: Als ich an Kais Bett saß und noch glaubte und hoffte, daß er leben würde, habe ich stunden- und tagelang daran herumgegrübelt, was ich ändern müßte, um ihm sein Leben lebenswert zu machen. Mir ist nichts eingefallen. Überhaupt nichts. Aber daran konnte ich nach seinem Tod nicht mehr glauben.

Da warf ich mir alles vor, was ich mit diesem Sohn gelebt und erlebt hatte. Ich fing bei seiner Zeugung an und hörte erst bei seinem Todestag auf. Dazwischen lagen mein Versagen – meine Lieblosigkeit – mein Unverständnis – mein Egoismus – meine Intoleranz, Dummheit, Trägheit, Härte usw. usw. usw. Ich hätte Bücher damit füllen können, womit ich seinen Tod verursacht hatte.

Die Liebe zwischen uns, das Vertrauen, das gegenseitige Verständnis, die vielen gemeinsamen guten Erlebnisse, die miteinander geteilten Interessen und ausgetragenen Konflikte: alles hatte ich entweder vergessen, oder aber es zählte einfach nicht mehr.

Etwas Hilfe fand ich bei meinen verwaisten Eltern, besonders bei den beiden Müttern, die ihre Kinder durch Krankheit verloren hatten. Auch sie hatten starke Schuldgefühle. Sie fühlten sich nicht nur schuldig in ihrem Verhalten ihren kranken Kindern gegenüber – das konnte ich verstehen und nachvollziehen –, sie fühlten sich auch schuldig an der Krankheit selber: Sie glaubten, zu spät etwas gemerkt zu haben, zum falschen Arzt gegangen zu sein, einer unwirksamen Therapie zugestimmt zu haben. Sie meinten, zu unaufmerksam gewesen zu sein, zu lieblos, zu leichtgläubig, nicht kritisch genug. Wann immer ich ihnen mitfühlend zuhörte, meldete sich bei mir der zaghafte, entlastende Gedanke, daß zumindest einige meiner Selbstvorwürfe ähnlich unsachlich und haltlos sein könnten.

Ähnlich erging es mir bei den anderen Eltern, deren Kinder sich das Leben genommen hatten. Viele ihrer Schuldbezeugungen nahm ich ernst. Sie galten für mich und Kai genauso. Aber bei einigen ihrer Selbstbezichtigungen konnte ich das nicht. Wieder die leise Hoffnung, daß auch einige meiner »Hätte-ich-Sätze« aus der Verzweiflung kamen. Daß sie nicht wirklich begründet waren, wenn man sie mit dem gesunden Menschenverstand abwog.

Ich mußte lernen, mir zu vergeben

Schon am ersten Morgen nach Kais Tod schrieb ich in meiner Rede zu seiner Trauerfeier als letzten Satz: »Ich wünsche uns allen die Kraft, Kai und uns selbst seinen Tod zu verzeihen.« Das war die Aufgabe, die vor mir lag. Ich habe Jahre darum gekämpft, falle auch immer noch einmal kurz zurück in diese bodenlose Schuld, aber grundsätzlich habe ich es geschafft. Erbarmen zu haben mit meinem Sohn und mit mir als seiner Mutter. Was immer ich ihm Ungutes, Liebloses, Schlechtes getan habe, ich habe es nicht gewollt, sondern nicht anders gekonnt. Ich habe gelernt, mich als menschlich zu begreifen. Behaftet mit Schwächen und Unzulänglichkeiten. Bei meinen Kindern habe ich mein Bestes versucht. Daß es bei Kai nicht zum Leben reichte, muß ich hinnehmen.

Und das habe ich Kai gesagt. Wenn ich nicht schlafen konnte, bei den endlosen Spaziergängen, in meinem Tagebuch. Was ich lieber anders gemacht hätte – wenn ich nur die Liebe, den Mut und die Kraft dazu gehabt hätte. Was ich lieber ungesagt, ungetan, ungelebt gelassen hätte. Ich glaubte gar nicht, daß er mich hörte, aber trotzdem war es gut und richtig, es ihm zu sagen. Es half – wenn auch sehr sehr langsam.

Über die Schuld zwischen meinem toten Sohn und mir hatte ich allein zu richten. Ich habe mir da von niemandem hineinreden lassen. Nicht einmal von meinen beiden anderen Kindern, für die ich ja wie für Kai Mutter gewesen war. Aber ihre andauernde Liebe zu mir nach dem Tod ihres Bruders hat mir die Kraft gegeben und den Mut, mir selber gegenüber Gnade üben zu können.

Mich nicht so wichtig nehmen

Bald nach Kais Tod ist mir natürlich auch klargeworden, daß außer mir auch andere Menschen Ursachen gesetzt hatten für seine Verzweiflung und seinen Tod. Nur wegen seiner Mutter stirbt ein Achtzehnjähriger sicher nicht.

Und ich habe mich daran erinnert, daß mein Sohn ein erwachsener Mensch war, wenn auch noch ein sehr junger. Er war keine Marionette, an der wir alle nur gezogen haben. Es war sein Recht zu sterben, wenn er es wirklich so wollte.

Kreativität bietet Hilfe an

Gleich in den ersten Wochen nach Kais Tod ist mir etwas sehr Seltsames geschehen. Wenn ich nicht arbeiten mußte, lag ich zu dieser Zeit ja entweder im Bett, oder ich fuhr in menschenleere Gegenden und tat stundenlang etwas zwischen gehen und laufen. Auf diesen eher gehetzten Spaziergängen, auf denen ich auch viel weinte, erschienen Gedichtzeilen, später ganze Verse in meinem Kopf. Nicht etwa gelesene oder erlernte – nein – meine eigenen. Ich kann nicht sagen, daß ich dichtete. Etwas in mir dichtete, und ich stand fassungslos und verständnislos daneben.

Ich muß dazu noch erklären, daß schon im ersten Schuljahr Rechnen mein liebstes und bestes Fach war. So blieb es auch. Mathematik und Naturwissenschaften gut – Musik und Kunst mangelhaft. Immer fühlte ich mich mit sachlichem Denken wohl. Das konnte ich. Jede Art von Kreativität ging mir ab, war mir fremd, aber bewundernswert, zum Neidischsein. Mein Leben lang konnte ich Kunst mit Freude und manchmal etwas Sachverstand genießen – nie Eigenes hervorbringen. Ich male heute noch Strichmännchen wie ein Kleinkind, lasse mir Geschenke einpacken, weil ich nicht einmal das kann.

Und dann kamen diese Gedichte in meinen Kopf. Ganz von selbst. Ungerufen. Ungewollt. Ich habe mich nicht einmal sehr darüber gewundert. Daß mein Verstand Kais Freitod nicht fassen konnte, wußte ich. So wanderte ich durch Regen und Wind und Winter und Sonne und Wind und Frühling, und es dichtete in mir. Ob das der Anfang von Wahnsinn war? Gar nicht so unangenehm.

Alle meine Verse hatten mit Kai zu tun. Mit seinem Leid. Seinem Sterben, seinem Tod. Aber alles in schöner Form. Nicht klassisch, eher modern. Aber eben sprachlich angenehm und wohltuend. Sie lenkten mich ab von der mich zerreißenden Verzweiflung. Und sie handelten auch von Kai, wie ich ihn geliebt hatte: Lachend – engagiert – ernsthaft nachdenkend – von seinen langen, schmalen Händen – seinen schönen Haaren.

Obwohl ich es mir draußen vornahm, habe ich nie eine Zeile aufgeschrieben. Wenn ich zuhause ankam, war ich zum Schlafen erschöpft. Das alles war zu sonderbar. Zu fremd. Nicht ich – und doch aus mir heraus. Etwas, was ich nicht kannte, zu dem ich keine Beziehung hatte. Aber was Hilfe brachte.

Das Herz freispielen

Ende Juni 1985 ging ich auf den Rat meiner Hausärztin in eine psychosomatische Klinik im Weserbergland und blieb dort acht Wochen. Eine der Therapeutinnen arbeitete mit Orffschen Instrumenten. Mit Hilfe von Xylophonen, Trommeln, Triangeln, Flöten, Kastagnetten u.ä. sollten wir Patienten unsere Gefühle spielen. Ich verweigerte mich: »Ich bin zu verzweifelt.« »Dann spielen Sie doch Verzweiflung.« »Das kann ich nicht. Ich bin total unmusikalisch.« »Das spielt hier überhaupt keine Rolle.« »Ich will nicht.« Tagelang hielt ich das durch. Ich fühlte mich zu erschöpft – zu traurig – zu isoliert – zu wütend. Dann hatte ich mich eingehört. Faßte Mut. Fing ganz leise an. Immer mit dem kleinsten Xylophon. Wenige Töne nur. Im Vielklang der anderen Instrumente und Patienten gingen sie unter. Ja – das war ich. Ich erkannte mich. Machte, wie ich fand unhörbar, in der Gruppe mit. Dann bat man mich um ein »Solo«. Mich zu zieren fand ich immer schon blöd. Wenn die anderen das so wollten. Bitte. Erfreulich war ich nicht. Als ein junges Mädchen anfing zu weinen, war ich ganz kurz sehr glücklich. Dann weinte ich auch. Aber es war ein erleichtertes, zufriedenes Weinen, nicht zerrissen und verzweifelt wie sonst.

Seitdem habe ich ein eigenes großes Xylophon aus wunderschönem dunkelbraunen Holz in meinem Schlafzimmer stehen. Ich spiele oft und wundere mich immer noch, wie frei es mich macht, auf diesem Kinderinstrument meine Gefühle zu spielen, zu hören, verklingen zu lassen.

Meine Wut lasse ich auf Papier aus

Für Aggressionen ist mir mein Xylophon zu schade. Dafür habe ich mir Wachsmalblöcke und große Zeichenblöcke gekauft. Wenn ich sehr zornig bin oder verzweifelt, greife ich zu ihnen und male wild drauflos. Wenn ich anfangs eine ganze Seite pechschwarz angestrichen hatte, fühlte ich mich besser. Kein einziger weißer Fleck, das war mein Inneres. Anschließend habe ich mein Werk genüßlich zerrissen und in den Papierkorb rieseln lassen. Und etwas von der Wut oder der Verzweiflung war mit verschwunden.

Später waren einige Stellen des Papiers wenigstens grau. Dann kam Rot hinzu in scharfen Zacken wie Granatsplitter. Heute benutze ich oft schon alle Farben, auch runde Formen sind möglich und machbar geworden.

Und zwischendurch sehe ich immer einmal wieder nur schwarz.

Rundes ging lange nicht

Mit Ton habe ich es ebenfalls versucht. Aber es ging nicht. In mir war zuviel Zerstörerisches. Ich habe den Ton auf die Tischplatte geknallt und mit den Fingern darin herumgerissen. Rundes zu formen hielten meine Hände nicht aus und weigerten sich, selbst wenn ich es ihnen vom Kopf her befahl.

Vielleicht sollte ich es noch einmal versuchen, meine Hände und ich müßten sich seitdem verändert haben.

Schreiben statt sprechen

Früher eher ein extrovertierter Mensch, der gern und viel sprach, wurde ich mit Kais Tod still und sprachlos. Ich konnte das, was ich erlebte, in der Enge von Wörtern nicht mehr unterbringen. Fühlte mich ja sowieso nicht verstanden.

In der Gruppe besserte sich das etwas, aber wir trafen uns ja nur vierzehntägig. Nur manchmal privat zwischendurch.

Alles sammelte sich immer an. Füllte mich aus. Obwohl ich mich schon zertrümmert fühlte, wuchs meine Angst, daß diese Spannung eines Tages explodieren und die herumwirbelnden Teile meiner Persönlichkeit endgültig ins Unauffindbare jagen würde.

Eines Morgens fand ich auf dem Schreibblock, den

ich zum Notieren von Träumen im Bett liegen hatte: »Mein Gott, ich muß mich äußern! Äußern!«

Ich erinnerte nichts. Aber erst einmal erschreckte mich dieses »Mein Gott«. Was hatte ich mit dem ehemals lieben Gott meiner Kindheit noch zu tun? Bei Kais Tod war er nicht da – er gab nicht nur keine Hilfe, er war nicht einmal das Ziel meiner Wut oder meines verzweifelten Warum? Er war einfach abwesend. So sollte das auch bleiben, wenn es nach mir ginge. Obwohl ich einige gläubige verwaiste Mütter kennengelernt hatte und sie beneidete, die entweder wirklichen Trost in ihrer Religiosität gefunden hatten oder sich wenigstens aufbäumen konnten gegen diesen Gott, von dem sie sich verlassen fühlten.

Ich muß mich äußern. Das nahm ich ernst. Kaufte mir einen großen Recyclingpapierblock und schrieb los. Erst einzelne Wörter und Satzzeichen. Sonst nichts. Aber daraus wurden Sätze. Die sich sogar aneinanderreihten. Manchmal dachte ich auch stundenlang nach, bis der richtige Satz gefunden war. Das alles erleichterte – machte mich mir klarer – durchschaubarer.

Es half mir auch, nicht immer wieder alles zu vergessen. Als ich endlich herausgefunden hatte, daß dieser verzweifelte Schmerz nicht nur Schuldgefühle waren, sondern auch das Erlebnis von Verlassenheit, daß ich auch litt, weil dieser Sohn mir fehlte, schrieb ich das auf. Las es täglich durch. Half mir selbst. Hielt mich an meinem Geschriebenen fest.

Dieser Block – und ihm sind viele weitere gefolgt – wurde zum zeitversetzten Spiegel meines Inneren. Ich konnte nachlesen, daß es mir Montag gelungen war, mich an der Sonne zu freuen. Gut! Das würde wiederkommen. Daß es mir letzten Monat viel schlechter gegangen war. Es ging also aufwärts.

Ich habe auch Briefe geschrieben. Was ich Menschen nicht sagen konnte, habe ich ihnen geschrieben. Das erleichterte. Mit oder ohne Antwort.

Ich lernte immer mehr, mich auf diesem Weg zu äußern. Meine Trauer aus mir heraus nach außen zu bringen. Natürlich immer wieder unter Tränen. Aber manchmal habe ich auch gelacht.

Wie sollte ich arbeiten?

Sogar als Kai zwischen Leben und Tod auf der Intensivstation lag, bin ich nach einer Woche zur Arbeit gegangen. Ich dachte, das müßte so sein. Glücklicherweise schickte mein Chef mich wieder weg mit der Begründung, meine Anwesenheit verstöre alle Mitarbeiter. Das konnte ich akzeptieren.

Nach Kais Tod und seiner Bestattung mußte ich dann wirklich. Aber ich konnte nicht. Ich war wie gelähmt und zu müde, um auch nur den Weg in dieses Institut für die Umschulung von Arbeitslosen und Rehabilitanden hinter mich zu bringen. Ich hatte Magenschmerzen oder Kopfschmerzen. Mein Hals war so zugeschnürt, daß ich glaubte, nicht einen Satz unterrichten zu können. Aber was sollte das alles. Ich mußte. Ich ging. Ich besorgte mir eine helle Sonnenbrille, um meine ständig verweinten Augen zu verstecken. Murmelte etwas von Entzündung. Ich schlich mit niedergeschlagenen Augen durch die Gänge, damit mich niemand anzusprechen brauchte. In den Pausen versteckte ich mich häufig in der Toilette. Träumte von einem Arbeitsplatz am Fließband, wo ich nur irgendwelche Schrauben würde anziehen müssen und nicht mit Menschen zu tun hätte. Aber wenn ich zu Hause kaum meine Kartoffeln schälen konnte, mußte ich einsehen, daß das auch nicht leichter wäre.

Ich konnte mich nicht konzentrieren

Mein gewohnter täglicher Lebensrhythmus war total durcheinander. Nach mehr oder weniger schlaflosen und durchweinten Nächten war ich tagsüber kaum ansprechbar oder aufnahmefähig. Meine Konzentrationsfähigkeit war auf ein Minimum herabgesunken. Ich war nicht in der Lage, anderen mit Aufmerksamkeit und Anteilnahme zuzuhören. Beim Reden fehlten mir gewohnte Wörter – viele Sätze konnte ich nicht zu Ende bringen. Immer wieder durchzuckte mich mitten in der Arbeit der Gedanke »mein Sohn ist tot« – mir brach der Schweiß aus, meine Gedanken verwirrten sich. Mein Gedächtnis funktionierte auch kaum. Ich vergaß viel zuviel.

Die eingeschränkte Arbeitstauglichkeit akzeptieren

Mir war klar, daß meine innere Einstellung zu diesem meinem Kaum-mehr-Funktionieren das wichtigste sein würde. Ich gewöhnte mich an den Gedanken: Ich bin jetzt behindert. Wenn mir immer wieder eigene Leistungsvorstellungen dabei in die Quere kamen, lernte ich sie beiseite zu schieben mit dem Satz: Das ist mir mein Sohn wert.

Wie oft hatte ich erlebt, daß Kollegen und Kolleginnen oder auch unsere Teilnehmer in ihrer Arbeitsleistung nachließen, weil sie Eheschwierigkeiten hatten, Geldsorgen, ein Kind mit Masern. Mein Sohn hatte sich das Leben genommen. Das war schlimmer. Es sollte mir und anderen Grund genug sein, daß mein Leistungsvermögen erheblich eingeschränkt war. Wann immer trotzdem diese quälenden Selbstvorwürfe, ich sollte mich endlich zusammenreißen, endlich meine Pflicht tun, wie es sich gehörte, hochkamen und von mir Besitz zu ergreifen drohten, wehrte ich mich gegen mich selber: Ich war in einer Ausnahmesituation, durfte ausnahmsweise vermindert leisten. Übrigens habe ich derartige Ansprüche von anderen nie gehört.

Hilfe erbitten und sich selber Hilfe geben

Ich lernte, mich Mitarbeitern und Umschülern anzuvertrauen: Ich schaffe das jetzt noch nicht. Können wir das aufschieben? Können Sie das für mich tun? Meist bekam ich ganz selbstverständlich die erbetene Hilfe.
Ich plante nichts Neues. Blieb im Gewohnten und sorgte so dafür, daß mir wenigstens Routine und alte Verhaltensweisen zur Seite standen.
Ich gewöhnte mich daran, mich zuhause viel gründlicher vorzubereiten als vorher. Da störte es ja niemanden, wenn ich immer wieder weinte oder Pausen machte. Ich schrieb alles auf, was ich nicht vergessen durfte. Setzte Schwerpunkte, um wenigstens das Wichtige zu erledigen.
In der Gruppe holte ich mir immer wieder den Trost, daß es den anderen Eltern auch nicht anders ging. Ließ mich bestärken in dieser Umsicht, zu der ich mich mir selbst gegenüber zwang. Tat das gleiche für die anderen.
Realistisch gesehen, hatte sich meine finanzielle Situation durch den Tod von Kai verbessert. Als ich das einmal in der Gruppe äußerte, erntete ich blankes Entsetzen. Trotzdem war es wahr. Denn Kai benötigte keinen Unterhalt mehr. Ich hatte seinetwegen mehr Geld. Natürlich würde ich mein Leben gern auf einer Parkbank mit trocken Brot und Wasser beschließen, wenn

er dadurch lebte. Aber diese Alternative stellte sich ja nicht. Also überlegte ich mir schluchzend, wie ich mit diesem Geld mein Leben etwas leichter machen konnte. Ich reduzierte meinen Arbeitsvertrag für zwei Jahre – gönnte mir einige Wochen unbezahlten Urlaub. Das war unsagbar schwer, aber ich kämpfte um mein Überleben, und es war nötig, realistisch zu denken und zu handeln.

Aber es gibt nicht nur das Mehr an Geld, das so sehr quälen kann, durch den Tod eines Kindes kann auch zuwenig da sein und/oder sogar Schulden: Vor einigen Monaten rief mich eine mir fremde Mutter an, die vor finanziellen Sorgen nicht mehr ein noch aus wußte. Ihr ältester Sohn hatte für sie und die vier jüngeren Geschwister erheblich zum Familienunterhalt beigetragen. Nach seinem Tod fehlte dieses Geld, während die Kosten der Familie im wesentlichen unverändert blieben. Sie sah sich überhaupt nicht in der Lage, bereits bestehende Ratenzahlungsverpflichtungen und die Beerdigungskosten zu begleichen. Trotz ihrer Scham – »ich kann den Tod meines Sohnes doch nicht mit Geldsorgen verbinden« – konnte ich sie ermutigen, sich und ihre Notsituation dem Beerdigungsunternehmer und ihrer Bank anzuvertrauen. Obwohl die Beteiligten vor ihrer heftigen Trauer zurückzuckten, machte diese Mutter glücklicherweise die gute Erfahrung, daß man sich ihrer wirtschaftlichen Sorgen verständnisvoll annahm und ihre Probleme sehr entgegenkommend löste. Dazu braucht man Mut.

Hin und wieder nahm ich auch das Angebot meiner Hausärztin an, mich arbeitsunfähig zu schreiben. Trauer ist keine Krankheit, aber sie kostete mich so viel Kraft, daß ich durch die zusätzlichen Anforderungen meiner Arbeit immer wieder in einen totalen Erschöpfungszustand geriet. Und das war krank.

Trotzdem war arbeiten eine wesentliche Hilfe in meiner Trauer. Wenigstens vordergründig war ich stundenweise von Kais Tod abgelenkt. Mit anderem beschäftigt. Unter Menschen. In normalen Verhaltensweisen. Das tat gut. Half.

Es half auch, daß meine Minderwertigkeit im Arbeitsleben von so vielen stillschweigend aufgefangen oder ertragen wurde. Wenn auch so wenig »andere« mein Elend ertrugen, zu tätiger Mithilfe bei praktischen Problemen waren sehr viele bereit. Das tröstete, nahm mir viel von meinem Groll.

Geduld mit sich haben

Ich bemerkte nach einiger Zeit, daß ich – sehr langsam, aber deutlich – immer besser und sicherer mit meiner Behinderung durch Trauer umzugehen lernte. Daß sich diese Behinderung – auch sehr langsam, aber spürbar – verringerte.

Nach langen Monaten konnte ich sogar mit Verwunderung feststellen, daß sich meine alte Belastbarkeit zwar noch nicht wieder eingestellt hatte, daß ich aber in meiner Arbeit sensibler geworden war. Menschlicher. Mit mehr Verständnis meinen Mitmenschen gegenüber. Ich erkannte Leid eher. Verstand jetzt mehr von der Abhängigkeit von Leistung und persönlichem Empfinden.

Durch Kais Tod hatte ich in meiner Art zu arbeiten nicht nur verloren und nachgelassen, ich hatte auch hinzugewonnen. Das konnte ich erst schwer glauben, noch schwerer hinnehmen. Aber es war wahr.

Ich habe doch noch Kinder

Vorab möchte ich mich bei den Lesern entschuldigen, die ihr einziges Kind verloren haben: Dieses Kapitel wird vielleicht zusätzlich schmerzen.

Unsere Selbsthilfegruppe Verwaiste Eltern ist einmal von einer Mutter aufgesucht worden, deren einzige Tochter vor wenigen Wochen verstorben war. Sie ist nie wiedergekommen, hat sich nie bei einem von uns gemeldet. Wir alle hatten wenigstens noch ein lebendes Kind außer dem Toten – alle unsere Kinder waren schon seit fast zwei Jahren tot. Ich befürchte, sie hat sich zu sehr als Außenseiterin erlebt, zu wenig verstanden und nicht wirklich integrierbar. Es hat mich sehr beschämt – hilflos gemacht. Ich hätte sie anrufen können, aber ich konnte es nicht, so ohnmächtig fühlte ich mich. Genauso empfinde ich auch jetzt beim Schreiben dieses Kapitels. Ich habe nach Kais Tod noch zwei Kinder – bin immer noch Mutter. In den ersten Monaten erschien mir das wenig tröstlich. Kirsten und Christian ersetzten mir nicht Kai. Sie sorgten nur dafür, daß er noch deutlicher fehlte. Heute weiß ich es besser. Leid läßt sich nicht vergleichen, trotzdem kann ich sagen, daß ich es leichter und besser hatte durch die Existenz der beiden Geschwister von Kai. Und ich empfinde Scham und Schuld, daß ich zu dem Verlust des einzigen Kindes weder Tröstendes noch Hilfreiches sagen kann. Es tut mir leid.

Angst um die anderen Kinder

Nachdem dieses Ungeheuerliche geschehen, mein Sohn tot war, packte mich – wie alle verwaisten Mütter, die ich kennenlernte – panische Angst um seine lebenden Geschwister. Natürlich war ich im Laufe der Jahre immer wieder in Sorge um meine Kinder gewesen, auch um ihre Gesundheit. Ihre Sterblichkeit aber war mir nie wirklich bewußt geworden. Eine theoretische, gedankliche Möglichkeit, die jedoch im Irrealen verblieb. Das hatte sich geändert: Eigentlich erwartete ich nichts anderes mehr, als daß nach dem Tod des einen Kindes auch die anderen beiden sterben würden. Ihr Leben war zum Unwahrscheinlichen geworden, nicht mehr ihr Tod.

Am liebsten hätte ich sie in Watte verpackt dem Leben entzogen, um jede Gefährdung auszuschließen. Es war schwer, diese meine tiefe innere Angst vor ihrem Sterben mit dem Recht meiner Kinder auf ihr Leben zu vereinbaren. Meine Angst bei mir zu behalten, sie nicht ständig zu äußern. In einem langen Gespräch habe ich meiner Tochter und meinem Sohn diese sie betreffende Folge von Kais Tod erklärt. Sie gebeten, mich da nicht zu ernst zu nehmen, sich nicht zu sehr einschränken zu lassen durch meine Befürchtungen.

Wie weit es mir gelungen ist, meine Angst zu beherrschen und wenigstens weitgehend zurückzuhalten, und wie wenig sie Rücksicht darauf genommen haben, weiß ich nicht wirklich. Auf entsprechende Fragen sagen beide: »Es war auszuhalten.« Aber ich bin mir nicht sicher, ob nicht auch diese Antwort rücksichtsvoll ist, aber unwahr.

Neue Schuld: Kais Geschwistern gegenüber

Kais Sterben und Tod hat seine Geschwister, die ja beide schon seit längerem bei mir ausgezogen waren, um zu studieren, und mich wieder sehr nahe zusammengebracht. Auch ohne Worte fühlten wir uns in unserem Schmerz sehr nah beieinander.

Während mein Sohn nach der Trauerfeier wieder nach Frankfurt zurückging mit den Worten: »Das muß jetzt wohl jeder mit sich allein abmachen, ich stehe nur im Notfall zur Verfügung«, zog meine Tochter nach Beendigung ihres Semesters wieder zu mir ins Haus. Sie sollte länger als zwei Jahre bleiben. Es sah wohl nicht so aus, als hätte ich es allein geschafft.

Eine gute, selbstdisziplinierte Mutter hätte sich sicher nach dem Freitod eines ihrer Kinder den lebenden Geschwistern zugewandt und ihnen nach diesem grausamen Schock in ihrer Trauer geholfen. Hätte ihnen ihre Liebe und ihre Hilfsbereitschaft deutlicher gemacht als vorher, um ihnen in dieser Lebenskrise beizustehen. Zu meiner Schande muß ich gestehen, daß ich all dieses nicht getan habe. Ich wußte genau, daß das meine Verantwortung gewesen wäre – ich konnte nicht. Zerstört und verzweifelt habe ich den Schutz des nie ausgesprochenen, aber unüberhörbaren Satzes »Für die Mutter ist es am schlimmsten« in Anspruch genommen. Oder mich zumindest nicht dagegen gewehrt. Mit großen Schuldgefühlen und ohnmächtiger Wut gegen mich selber. Ich taugte als Mutter wirklich nichts. Aber es ging nicht anders – ich schaffte nichts als Verzweiflung – Tränen – endlose Monologe über meine Schuld. Meine Tochter hielt dieses alles aus: liebevoll – fürsorglich – tröstend – selbstverständlich.

Sagte manchmal sogar: »Mir hilft es doch auch. Solange ich mich um dich kümmern kann, wird auch meine Trauer um Kai erträglicher.« Stimmte das? Ich glaubte es schon damals nicht. Vielleicht drängte ihre Fürsorge um mich wirklich den Verlust ihres Bruders in den Hintergrund. Aber für wie lange? Und mit welchen Nachteilen? Mußte sie nicht Trauer doppelt ertragen? Erst meine, dann ihre eigene.

Ich werde für immer in ihrer Schuld stehen. Nie wiedergutmachen können, was sie in dieser grauenhaften Zeit für mich tat. Aber ich konnte und kann es nicht ändern. Ich muß es mir verzeihen.

Mein Sohn Christian lebte nicht den Alleingang, den er sich vorgenommen hatte und der mich ja auch aus der Verantwortung ihm gegenüber entlassen hätte. Immer wieder wandte er sich mir zu, mit Besuchen und Telefonaten. Wich wieder zurück. Einmal sagte er: »Ich hätte nie gedacht, daß der Tod eines deiner Kinder dich so an den Rand deiner Existenz bringt. Denn was für Kai gilt, gilt ja auch für Kirsten und mich. Schon was Seltsames – Mutterliebe.« Das wurde für mich ein Stück innerer Rechtfertigung, wenn ich einen von beiden wieder einmal trotz meiner besseren Vorsätze mit meinem Schmerz überschüttete: Es war vielleicht doch nicht so ganz schlimm, wie ich immer meinte. So sahen sie eben, wie ich meine Kinder liebte. Aber das gelang nur selten. Ich fand es selber ganz schlimm, so zu argumentieren. Empfand Scham.

Eine verwaiste Mutter, deren Tochter vor zehn Monaten starb, schrieb mir über sich und ihren Sohn: »Wir können nicht gemeinsam zum Grab gehen. Wir können nicht darüber sprechen, weil ich spüre, mein Sohn kann oder will nicht. Er meidet dieses Thema; geht nicht darauf ein, wenn ich es anspreche. Schade.«

So schlimm ist es nicht bei allen. Aber schwierig ist es bei allen verwaisten Müttern und ihren erwachsenen Kindern, wie ich immer wieder hörte. Gemeinsame Gänge zum Friedhof sind selten möglich. Gespräche über den Toten schon eher. Aber ein Austausch über die Trauer des Bruders oder der Schwester fast nie. Trotz oft guten Willens und verständnisvoller Zuneigung immer wieder dieses nicht begründete »Es geht nicht«.

Für dieses Kapitel hatte ich meine Kinder um einige wenige Sätze gebeten, die ich zitieren könnte. Beide sagten zögernd zu, dann ab: »Tut mir leid. Ich kann nicht.«

Glücklicherweise waren Kais Geschwister bei seinem Tod schon 23 und 21 Jahre alt. Eine geringe Entlastung für mich. Denn je jünger die Geschwister sind, um so größer wird die Verantwortung der Eltern sein, sie in ihrer Trauer aufzufangen.

Ich kann nur hoffen, daß meine beiden andere Menschen haben, um über ihre Trauer zu sprechen. Ich weiß von einigen Geschwistern, die sich jetzt in Hamburg zu einer Selbsthilfegruppe zusammengeschlossen haben. Das erscheint mir wichtig und richtig. Auch auf den Trauerseminaren wird immer mehr auch Geschwistertrauer bearbeitet.

Wie viele Kinder haben Sie?

Die Frage, die unbeantwortbar wurde. Die so selbstverständlich ist und so häufig – und die so quält.

Man kann einfach mit Weinen antworten. Das ist sicher das Ehrlichste. Aber wo geht das schon? Wer traut sich?

Von Anfang an habe ich für Jahre hart und knapp »zwei« gesagt. Wer wollte schon von meinem toten Sohn wissen? Den mit der Antwort verbundenen inneren Schrei habe ich zurückgedrängt.

Dann wurde ich wohl sanfter, auch gegen mich selber. Habe mich an ein »Jetzt zwei« gewöhnt. Wer wollte, konnte ja fragen.

Heute, nach fast sechs Jahren, ist es mir selbstverständlich zu sagen: »Ich hatte drei, aber der Jüngste hat sich 1985 das Leben genommen.« Damit fühle ich mich besser.

Ein langer, schmerzhafter Prozeß. Es ist wichtig, über die Antwort nachzudenken, bevor die Frage gestellt wird. Auch hier geht es wieder darum, das zu finden, was man aushält. Kann. Nicht Rücksicht auf die anderen nehmen, sondern auf die eigenen Bedürfnisse achten.

Sind Ehe oder Partnerschaft gefährdet?

Die Statistik sagt ja. Ein Drittel aller Ehen, in denen ein Kind starb, sollen vor dem Scheidungsrichter enden.

Aus eigener Erfahrung kann ich hierzu nichts sagen, da ich bei Kais Tod allein lebte. Von dem Vater meiner Kinder hatte ich mich schon fünf Jahre vorher getrennt.

Deshalb ging ich auch mit quälendem Selbstmitleid in die Selbsthilfegruppe Verwaiste Eltern. Hatte die Vorstellung, daß es dort nur Elternpaare geben würde, die gemeinsam versuchten, den Tod ihres Kindes zu überleben.

Aber es kam anders.

Wir sind getrennt in unserer Trauer

Schon am ersten Abend hörte ich von den zehn anwesenden Frauen Sätze, die sich durch die gemeinsamen Jahre ziehen sollten: »Mein Mann versteht mich überhaupt nicht. Setzt mich dauernd unter Druck, ich solle nicht so viel weinen.« »Ich kann meinen Mann nicht begreifen. Er benimmt sich, als ob ihm der Tod unserer Tochter nichts ausmache. Er muß ja wohl auch trauern, aber ich kann davon nichts bemerken.« »Mein Mann und ich können überhaupt nicht über unseren toten Sohn reden. Ich brauche das. Aber er hört nicht zu, antwortet nicht oder geht sogar weg, wenn ich von ihm anfange. Es ist nicht zum Aushalten.« »Ich wünschte mir eine Ecke, in der ich wenigstens allein traurig sein kann. Mein Mann stört mich nur in meiner Trauer.« »Hilfe bekomme ich von meinem Mann überhaupt keine. Aber – ich kann ihm auch nicht helfen.«

Dagegen eine vereinzelte Stimme: »Mein Mann ist sehr liebevoll. Er nimmt mich immer in seine Arme, wenn ich weine und besonders traurig bin.«

Das anwesende Ehepaar schwieg hierzu.

Ich begriff, daß ich so bemitleidenswert gar nicht war in meiner einsamen Trauer ohne Kais Vater. Daß es mit der Gemeinsamkeit des Trauerns zwischen Eltern viel schwieriger ist, als ich es mir vorgestellt hatte.

Ich habe nur von wenigen Vätern gehört, die sich allein einer Trauergruppe angeschlossen haben. In Hamburg hat es eine Gruppe nur für Väter gegeben, die aber nicht sehr lange bestanden haben soll.

In den Trauerseminaren habe ich insgesamt vier Väter erlebt, die mit ihren Frauen gemeinsam kamen. Bei diesen vier Elternpaaren habe ich einen starken, liebevollen Austausch und Zusammenhalt in ihrer verzweifelten Traurigkeit erlebt. Das kann Hoffnung geben.

Alle anderen Mütter – und davon kenne ich sehr viele – kamen nicht nur allein in die Veranstaltungen. Sie äußerten sich auch enttäuscht über ihre Männer. Fühlten sich von ihnen innerlich verlassen. Unverstanden. Einsam. Hatten manchmal Zweifel, ob diese Väter überhaupt trauerten. Fühlten sich in ihrer eigenen Trauer gestört.

Männer trauern anders als Frauen

Das wurde immer wieder deutlich. Männer erleben Trauer offensichtlich anders als Frauen. Vor allem aber äußern sie sie anders. Das führt dazu, daß der eine Elternteil den andern nicht versteht. Nicht begreift, daß er auch trauert, aber eben anders, als man selber es erlebt. Um das zu verstehen und zu akzeptieren, bedarf es einer besonders liebevollen und großzügigen Toleranz, mit der Eltern sich gerade in dieser verzweifelten Zeit so schwer tun.

Keine gegenseitige Hilfe erwarten

Beide Elternteile sind so voller Schmerz und Schuld, daß sie sich hilfesuchend an ihren Partner wenden, um von diesem ihrem nächsten Menschen Trost zu erhalten. Aber der ist genauso verzweifelt und hilfsbedürftig und hofft seinerseits auf Stützung und Aufgefangenwerden. Also wartet jeder auf Hilfe, aber keiner kann sie dem anderen geben. Das bringt natürlich auf beiden Seiten Enttäuschung, Frustration und Vorwürfe, die eine Ehe oder Partnerschaft schnell zerstören können.

Aber ich glaube fest, daß das nicht so sein muß. Wenn Eltern sich nur die Andersartigkeit ihres Trauerprozesses bewußtmachen und ihre gegenseitige Unfähigkeit, dem anderen Hilfe zu sein.

Trauert die Libido auch?

Sicher eine seltsame Frage. In keiner der Gruppen, an denen ich teilgenommen habe, ist darüber gesprochen worden, ob oder wie die Sexualität der Eltern von der

Trauer um ein Kind beeinflußt wird. Auch in der Literatur zu Trauer habe ich wenig gefunden. Das Thema scheint tabuisiert.

Um so größer war mein Entsetzen, als ich etwa nach einem Vierteljahr nach dem Tod meines Sohnes von heftigsten sexuellen Wünschen überfallen wurde. Hin- und hergeschüttelt, wie ich es in dieser Form noch nie erlebt hatte.

Ich entsetzte mich vor mir selber, empfand stärkste Schuld- und Schamgefühle: Mein achtzehnjähriger Sohn war kaum beerdigt, und mich alternde Frau verlangte nach einem Mann. Widerwärtig! – Mit Liebe oder Sehnsucht, die ich mir vielleicht erlaubt hätte, hatte das nicht das geringste zu tun. Ich lebte zu der Zeit ja allein.

Hilfesuchend rannte ich zu einer anderen verwaisten Mutter, beichtete unter heftigen Selbstanklagen. Sie zuckte sichtbar zurück: »Es tut mir so leid. Sei nicht böse. Aber mich ekelt schon, wenn ich das Wort Sexualität nur höre.« Sie begann zu weinen – ich schloß mich ihr verzweifelt an. Ich brauchte Trost, nicht Widerwillen. »Ich bin völlig zu. Zärtlichkeit würde ich mir von meinem Mann schon wünschen. Aber alles andere ... ich kann nicht. Völlig unmöglich. Dauernd muß ich Horst nein sagen. Ich bin nicht mehr normal.« »Ich ja wohl auch nicht.« Fast schrie ich es ihr ins Gesicht. Wir sahen uns an – fingen an zu lachen, wischten uns die Tränen aus dem Gesicht.

Nicht normal! Das kannten wir doch. Damit lebten wir doch täglich. Also auch in der Sexualität.

Ob das allen so geht? So wie uns? Entweder – oder? Das eine oder andere Extrem? Aber keine sogenannte Normalität, an die wir beide doch mehr oder weniger gewöhnt waren.

Wir haben uns gegenseitig getröstet. Jede fand das

Gefühl der anderen richtig und hilfreich. Ich wertete sexuelle Bedürfnislosigkeit nach einem solchen Verlust als gesund und auch als Schutz gegen mögliche weitere Verletzungen. Meine Freundin dagegen sah mein Verlangen als aufbrechende Lebenskraft an, als vitale Hilfe gegen die von uns so stark erlebte Todesnähe.

Und wir lachten über die Komik unserer Situation. Sie hatte einen Mann und wollte keinen, während ich dringend einen brauchte und keinen hatte.

Wie gern hätten wir getauscht. Aber jede lernte, sich so zu ertragen und zu leben, wie wir nun einmal waren.

Ich söhnte mich mit der trauerbedingten Eskalation meiner Sexualität aus, ohne mich meinem toten Sohn gegenüber schuldig zu fühlen. Monate später hatte ich dann die Kraft und das Glück, einen Partner zu finden. Diese Erfahrung: »Ich lebe ja noch – kann Freude und Lust an einem anderen Menschen erleben« hat mir viel Mut gegeben, andere Aspekte des Trauerprozesses zu ertragen und anzugehen.

In vielen Einzelgesprächen habe ich bestätigt bekommen, daß bei fast allen verwaisten Eltern eine solche Veränderung ihres Sexualverhaltens durch die Trauer ausgelöst wurde. Zumindest auf Zeit. Entweder zum einen Extrem hin – oder zum anderen.

Schwierig natürlich, wenn dadurch Partner auseinanderdriften. Hier werden viele offene Gespräche nötig sein, um auch diese wichtige Modalität unterschiedlicher Trauer tolerieren und akzeptieren zu können.

Trauer ist individuell – man bestehe auf seiner eigenen

Hier noch einmal meine beiden Hauptsätze, die ganz besonders gelten zwischen den Eltern eines verstorbenen Kindes. Der andere trauert auch, selbst wenn es für mich nicht so aussieht. Wie er trauert, ist für ihn richtig, auch wenn ich das alles anders erlebe. Und man kann und soll dem andern zuliebe nicht seine Trauerarbeit zu verändern versuchen, sich nicht anpassen an den Partner. Das führt nur zu Unehrlichkeit und Verkrampfung.

So schwer es auch sein mag, in dieser schweren Zeit auf den Partner als Hilfe zu verzichten, es wird oft nötig sein. Und es ist immer möglich, in einer Selbsthilfegruppe von Trauernden Menschen zu finden, deren Trauer ähnlich ist unserer eigenen und mit denen wir uns verständigen können.

Den Toten loslassen – frei werden für ein neues eigenes Leben

Ich erinnere mich, daß ich auf einem unserer ersten langen Trauerspaziergänge verzweifelt zu meiner Tochter sagte: »Kirsten, mich gibt es gar nicht mehr wirklich. Ich bestehe nur noch aus Kai: aus seiner Verzweiflung – seinem Sterben – seinem Tod – und aus all den überwältigenden widersprüchlichen Gefühlen, die dadurch in mir hervorgerufen werden. Von mir selber ist gar nichts mehr da.« Ihre Antwort sollte sich als richtig erweisen, auch wenn ich das damals weder glauben konnte noch wollte: »Ich bin ganz sicher, daß sich das ändern wird. Vielleicht schon bald, vielleicht auch erst in einigen Monaten oder Jahren wird sich wieder etwas von dir melden, und Kais Tod wird einen etwas geringeren Platz in dir einnehmen. Langsam und stetig wird sich der Anteil deines eigenen Lebens vergrößern – Kais sich verkleinern. Du wirst irgendwann wieder du selbst sein, wenn auch anders als vor seinem Tod und sicher immer auch mit Traurigkeit seinetwegen.«

Dieses ist für mich auch die Definition der dritten und letzten Trauerphase oder -aufgabe, die in der Trauerarbeit bewältigt werden muß: sich von dem Toten lösen und wieder dem eigenen veränderten Leben zuwenden. In der wissenschaftlichen Trauerliteratur wird hier meist von zwei Phasen gesprochen – ich sehe sie lieber als eine. Gleichzeitig und parallel verlaufend. Was immer ich an Gefühlen und Kraft von dem Tod meines Kindes abziehen kann, kann ich wieder in mein eigenes Leben investieren. Und auch umgekehrt: Was ich wieder meinem eigenen Leben zuwenden kann, kann ich bei meinem toten Kind losmachen.

Einiges von diesem Prozeß in der Trauer müßte in den vorhergehenden Kapiteln sichtbar geworden sein. Hier möchte ich versuchen, deutlicher zusammenzufassen und darzustellen.

Nicht nur tun – auch zulassen

Der Begriff Trauerarbeit wurde von Freud geprägt. Ich habe ihn benutzt, weil er allgemein üblich ist. Aber ich mag ihn nicht sehr; er erscheint mir zu einseitig. Trauer wird nicht nur erarbeitet, nicht nur getan. Trauer geschieht auch – man muß sie geschehen lassen und aushalten. Wichtig dabei ist, daß wir diesem selbständigen Trauerprozeß in uns selbst vertrauen. Ich habe festgestellt, daß nicht nur Knochen und Haut und Organe bei Verletzungen von selber heilen, sondern daß auch die verletzte Psyche diese Selbstheilungskraft besitzt. Natürlich kann man diese uns innewohnende Genesungskraft unterstützen, sie in die richtigen Bahnen lenken, indem wir z.B. einen gebrochenen Knochen schienen, damit er wieder gerade zusammenwächst. Das gilt wohl auch für die Trauer – diesen traumatischen Schock für Körper, Seele und Geist. »Es heilt« – langsam, aus eigener Kraft. Wenn wir nicht negativ eingreifen durch Verdrängen, Verleugnen oder andere Abwehrmechanismen. Sondern wenn wir statt dessen helfen, den Prozeß unterstützen. Einige der Möglichkeiten habe ich, hoffe ich, aufgezeigt.

Manchmal bin ich dieser ganzen Trauerarbeit unendlich müde gewesen. Habe einfach alles laufen lassen, gar nichts getan. Dann ging es mir eine Weile immer schlechter. Wenn ich nun erst recht nicht mehr in der Lage war, den Trauerprozeß positiv zu unterstützen, ging es mir nach einer gewissen Zeit – mal kürzer, mal länger – von selber wieder besser. Ich habe mich an dieses Auf und Ab gewöhnt. Weiß, es geht nach jedem Unten auch wieder nach oben. Ich halte den schmerzlichen Zustand aus, weil ich darauf vertraue, daß er wieder endet.

Das gilt aber nicht für die erste Zeit der Trauer, die natürlich individuell sehr unterschiedlich lang sein kann. In diesem Stadium ist die Wunde so frisch, so groß, daß wir uns selber Hilfe geben müssen. Die Heilung, die kaum angefangen hat, muß unterstützt werden. Sonst ist unsere Verzweiflung zu groß, wir sind immer gefährdet, in unserer Verleugnung steckenzubleiben.

Nicht mehr nach dem Warum fragen

Diese immer wiederkehrende quälende Frage nach den Ursachen und Motiven dieser Selbsttötung. Diese falsche Vorstellung: Wenn ich weiß, warum er/sie nicht mehr leben wollte, wird alles erträglicher.

Ich habe Mütter kennengelernt, die einen eindeutigen Abschiedsbrief von ihren Kindern bekommen hatten mit der genauen Darlegung der Gründe. Ich habe sie glühend beneidet, bei genauem Hinsehen aber erkennen müssen, daß es auch nicht half. Sie grübelten über die Gründe für diese Gründe nach.

Ich hatte schon recht bald den Vorsatz gefaßt, daß mich die Gründe für Kais Tod nicht interessieren sollten. Es war sein Tod – genauso wie sein Leben. Aber immer wieder geriet ich ins Wanken, stöberte doch herum, dachte nach, fragte. Einige der Ursachen waren erkennbar, bei anderen war ich auf Mutmaßungen und Spekulationen angewiesen. Ich quälte mich in einem Kreis herum, der nie ein Ende nahm.

Die wichtigste Ursache für den frühen und freiwilligen Tod meines Sohnes war ganz sicher seine hohe Intelligenz und seine besondere Sensibilität. Diese Feststellung ist nicht die Glorifizierung eines Toten durch seine Mutter. Ich hätte ihn nämlich schon bei seinem Eintritt in den Kindergarten lieber ein kleines bißchen dümmer und dickhäutiger gehabt: Obwohl er ein fröhlicher Junge war, bemerkte er zuviel und nahm Dinge zu wichtig. Wollte sich nicht anpassen, wenn er anderer Meinung war. Lehnte Kompromisse ab.

Und er war zu oft zu einsam. Je mehr er an seinem Leben litt, um so mehr wurde er von uns allen allein gelassen. Er war uns zu schwierig, zu empfindlich, zu negativ.

Im einzelnen sind da viele Gründe erkennbar für seine Entscheidung, lieber zu sterben als zu leben. Welche waren ausschlaggebend: Die Enttäuschung über seine Familie? Diese Mutter, die sich erschöpfte und aufrieb zwischen Familienleben und Beruf und beiden nicht gerecht werden konnte? Dieser Vater, der Erzeuger war und Geldverdiener und dann ganz auszog? Seine Geschwister? Seine Freundin, die ihm die Beziehung gekündigt hatte? Freunde, die ihn in seiner Qual nicht mehr aushielten und sich abwandten? Lehrer, die ihn nicht wirklich wahrnahmen, sondern nur seine hervorragenden schulischen Leistungen? Waren es die sozialen Mißstände dieser Gesellschaft, denen gegenüber er sich so ohnmächtig fühlte? Die dumme Arroganz so vieler Politiker? Die Kriege in der Welt und die ständige Bedrohung des Friedens? Die Ausbeutung und Zerstörung der Umwelt, mit der er als Chemiker auch zu tun haben würde? Konnte er den Konflikt um seinen Wehrdienst nicht lösen? – als Pazifist wollte er ihn verweigern, als verantwortungsbewußter junger Staatsbürger meinte er, ihn ableisten zu müssen, um wenigstens von innen her nach seinen Kräften zu reformieren.

Wann immer ich intensiv seine Gefühls- und Gedankenwelt nachzuvollziehen versuchte, geriet ich in einen Sog von Verzweiflung und fühlte mich versucht, den gleichen Schritt zu tun wie Kai. Aber ich wollte leben.

Deshalb habe ich all diesen Grübeleien rigoros ein Ende gemacht: mir eine Begründung für seinen Tod zurechtgezimmert, mit der ich leben konnte. Mir war egal, ob sie falsch oder richtig war. Kai wäre es auch gleichgültig. Daran habe ich von da an festgehalten. Und seltsamerweise wurde damit die bohrende Frage nebensächlicher.

Heute ist sie mir unwichtig geworden. Nur insofern nicht, als ich es für wichtig erachte, zur Verhinderung weiterer Suizide junger Menschen darüber nachzudenken und entsprechende Veränderungen zu versuchen. Aber da ist mein Sohn nur einer unter vielen – seine Gründe sind nur Gründe unter vielen. Eher ein sachliches Problem, auch wenn es mich leider persönlich angeht und schmerzt.

Die Erinnerungen leben

Ich hatte so lange und so intensiv mit diesem Sohn gelebt, daß es kaum etwas in meinem Leben gab, das mich nach seinem Tod nicht an ihn erinnerte: Musik – Bücher – Segelboote – Radfahrer – eine John-Lennon-Brille zwischen langen Haaren – politische Meinungen – grüne Bohnen – gelbe Zahnbürsten – Städte – Demonstrationen und ihre Parolen – seine Freunde und Bekannten – Feiertage – sein Geburtstag – sein Sterbetag.

Es war grauenhaft. Einfach alles ließ mich an ihn denken, wenn ich es gerade einmal nicht tat, und tat weh. Ich versuchte, wenigstens einigem aus dem Weg zu gehen. Aber dann merkte ich nach langen Monaten, daß die Erinnerungen, denen ich nicht ausweichen konnte, sich wandelten. Sie waren nicht mehr nur eine schmerzhafte Konfrontation mit seinem Tod, sondern bekamen auch etwas Tröstliches, Schönes. In ihnen lebte er für mich weiter. Sie weckten in mir neben dem Schmerz auch die Gefühle, die wir damals, als er lebte, gemeinsam hatten: die Freude, wenn er sich hungrig über mein Essen hermachte – meinen Stolz, wenn er sich politisch engagierte – die Gemeinsamkeit unserer Hoffnung, wenn wir für Frieden oder gegen Atomkraftwerke demonstrierten. Durch die Erinnerungen wird es mir möglich, diesen Sohn genauer zu sehen. Meine Beziehung zu ihm besser zu erkennen. Nachzuvollziehen. Das bringt Schmerz und Glück.

Ermöglicht eine langsame Abkehr von seinem Tod – bringt mir die 18 Jahre unseres gemeinsamen Lebens zurück. Läßt meinen toten Sohn nicht ganz tot sein.

Aufhören mit der Selbstbestrafung

Natürlich bringen diese Erinnerungen auch immer wieder Schuld ans Tageslicht, mit der ich mich auseinandersetzen muß, die ich mir immer wieder zu verzeihen versuche.

Monatelang zwang ich mich zu dem Gedanken, daß bei uns selbst der bösartigste Mörder weiterlebt, daß er gewisse Rechte hat, wenigstens einige Freuden genießt. Wehrte mich damit gegen die verzweifelte Vorstellung »Kai ist tot, ich habe kein Recht zu leben«, die schluchzend in mir aufstieg, wenn mir nur ein Glas

Milch schmeckte, Sonne auf der Haut guttat, ich meine warme Bettdecke genoß. Ich sagte mir immer wieder, in Gedanken oder auch manchmal laut: Ich bin kein bösartiger Mörder. Selbst wenn ich an der Selbsttötung dieses Achtzehnjährigen mitschuldig wurde, muß ich nicht bis an mein Lebensende büßen, nicht ohne Freude und Hoffnung und Zukunft dahinvegetieren. Ich leide genug, weil er tot ist. Weil ich leben muß ohne ihn und mit dieser schmerzenden Traurigkeit. Ich muß nicht noch meine alltäglichen Bedürfnisse vernachlässigen, mir jede Freude verbieten. Jedes Lachen. Jede Fröhlichkeit.

Ich lernte, angenehme Dinge wieder in meinem Leben zuzulassen. Mir hin und wieder etwas Gutes zu gönnen, etwas Schönes. Die anderen Mitglieder der Gruppe waren mir dabei Ansporn, Vorbild und Ermutigung. Sie versuchten dasselbe, und jede von uns erzählte stolz und mit Tränen in der Stimme, wenn es ihr wieder gelungen war, etwas gutes Leben in ihrer Trauer zuzulassen.

Monatelang kaufte oder pflückte ich nur Blumen für Kais Grab. Dann schaffte ich es mit zitternder Stimme und nassen Händen, außer dem großen Strauß für Kai eine einzige Blume für mich zu kaufen. Heute bin ich in der Lage, nur für mich und mein Zuhause Blumen zu besorgen. Ohne Tränen. Selbstverständlich. Das ist nur ein Beispiel für viele.

Man muß darauf achten. Sich selber zwingen, sich etwas Gutes zu tun. Mit der Selbstbestrafung aufhören. Mit der Zerstörung des eigenen Lebens. Statt dessen sich an den Wiederaufbau wagen. Zukunft zulassen für sich selber. Wieder leben, statt sich nur von Tod und Schmerz und Schuld einkerkern zu lassen.

Das ist Schwerstarbeit. Immer wieder wurde ich rückfällig. Aber ich habe gelernt, das zu ertragen, einfach wieder neu anzufangen mit meiner eigenen Lebensrettung. Kai hätte es so gewollt. Und ich auch. Ich traue mich wieder, mich wieder als lebenswert anzusehen. Gebe mir wieder das Recht zu leben. Richtig zu leben. Mit Traurigkeit und Freude. Mit Schmerz und Hoffnung. Mit Leid und Glück.

Ich beerbe meinen Sohn

Erst vor wenigen Wochen ist mir bewußt geworden, daß durch den Verlust von Kai auch von mir selbst viel verlorenging. Er hatte durch sein Interesse und sein Engagement aus mir etwas herausgeliebt und -gelebt, das ich allein nicht mehr zu leben in der Lage war.

Mein zunächst großes Interesse an gesellschaftlichen und politischen Verhältnissen war im Laufe der Jahrzehnte müde geworden, eingeschlafen. Ich wollte mit all dem Durcheinander, der Korruption, der Macht und Ohnmacht nichts mehr zu tun haben. Ich verdrängte meine Angst, mein schlechtes Gewissen, resignierte. Kai ließ diese meine Privatisierung nicht zu. Er weckte mich auf. Informierte. Verwickelte mich in Diskussionen. Nahm mich mit zu Demonstrationen.

Ähnlich mit bestimmten Büchern. Vorträgen. Liedern. Gedichten. Er brachte das ins Haus, gab es mir in die Hand, redete mit mir darüber.

Nach seinem Tod vegetierte ich zunächst sowieso nur so dahin, beschäftigt damit, nicht zu sterben. Aber auch als es mir besser ging, habe ich diesen Teil von mir nicht wieder gelebt. Das hatte zuviel mit Kai zu tun, war zu schmerzhaft, tat zu weh. Und ohne ihn schaffte ich es auch nicht in meiner Kraftlosigkeit, meinem Desinteresse der Welt gegenüber.

Aber ich bin dabei, das zu verändern. Wieder das zu

leben, was Kai mit mir geteilt hatte. Mein Leben reicher zu machen im Andenken an ihn mit Dingen, die er vor seinem Tod an mich herangetragen hatte. Leicht ist es nicht. Aber mir hilft der Gedanke, daß es ihn freuen würde. Daß er in dieser meiner Beschäftigung mit seinem Gedankengut ein bißchen weiterlebt.

Im Workshop Creatives Schreiben für Trauernde von R. Smeding wurde uns geraten, nach einer Tätigkeit zu suchen, die sowohl unserer neuen Lebenssituation entspricht als auch mit den Interessen und Vorlieben unserer Verstorbenen zu tun hat. Etwas, was uns beiden entspricht, was wir im Andenken an die Toten wie ein Vermächtnis weiterleben können. Nach langem Nachdenken habe ich für mich herausgefunden, was das sein könnte: Schreiben im Rahmen von Greenpeace. Das wäre etwas Gutes. Es würde mein Schreiben – diese unerwartete Lebenshilfe, die durch Kais Tod zu mir kam – verbinden mit seinem Interesse am Umweltschutz, mit seinem aktiven und heftigen Engagement gegen Umweltzerstörung.

Der Plan erscheint mir hervorragend, eine solche Tätigkeit würde mein Leben bereichern. Aber ich habe Angst, ihn zu realisieren. Weiß nicht wie – frage mich ob – habe Zweifel, daß ich das kann – befürchte, daß es genug Bessere gibt. Aber ich hoffe, daß ich es doch wenigstens versuche.

Vielleicht muß ich erst noch diese dunklen, traurigen Wintertage mit all den schmerzhaften Feiertagen hinter mich bringen, um dann im Frühjahr aus den ersten Sonnentagen den Mut und die Kraft zu nehmen, diesen Plan zu realisieren. Ich habe es mir fest vorgenommen.

Neue Beziehungen eingehen

Das ist besonders wichtig für die dritte Phase des Trauerprozesses.

Ich hatte unglaubliches Glück: November 1989 brachte meine Tochter ein Mädchen namens Svenja zur Welt – mein erstes Enkelkind. Schon während der Schwangerschaft war ich voller Vorfreude – aber auch voller Angst. Der errechnete Geburtstermin lag einen Tag vor Kais Geburtstag. Würde ich überhaupt in der Lage sein, mich an einem neuen kleinen Menschen zu freuen? Würde nicht immer Kais Tod zwischen mir und diesem ersehnten Enkelkind stehen?

Anfangs sah es so aus. Als meine Tochter mir die Kleine in die Arme legte, konnte ich nur schluchzen. Dabei hatte ich mir so vorgenommen, nicht zu weinen. Es half nichts. Die schmerzhafte Erinnerung an Kais Geburt und seinen Tod war stärker. Hilflos stammelte ich unter Tränen: Ich freue mich so. Es war wahr, aber die Qual war zumindest genauso groß.

So blieb es lange. Nur sehr langsam konnte ich das Erlebnis Svenja von Kai lösen. Die Freude an ihr trennen von dem Schmerz um diesen Sohn. Nur manchmal, wenn ich sehr erschöpft bin, mischt Kai sich wieder ein.

So ist wieder sehr viel Liebe und Glück in mein Leben gekommen. Ich bin dankbar, daß ein Stück dieser Leere, die Kais Tod in mir schuf, sich wieder füllen durfte. Natürlich ist Svenja kein Ersatz, aber sie bedeutet mir so viel Freude, daß ich die Traurigkeit um Kai leichter ertrage.

Neue Freunde habe ich auch gefunden. Besonders unter den Verwaisten Eltern. Neue Beziehungen, die mehr Leben in mein Leben bringen, nachdem mir die meisten alten Freunde durch die Traurigkeit verloren-

gegangen waren. Sie schaffen Ausgleich gegen Kais Tod
– machen ihn erträglicher – kräftigen mich, dieses Leid
um meinen toten Sohn zu tragen.

Leben kann reicher werden angesichts des Todes

Zweimal bin ich nach einiger Zeit in der Wüste nach
Hause zurückgekehrt. Wochenlang bin ich mit Entzükken durch den Regen gelaufen, habe grüne Wiesen und
Wälder bestaunt. Mit dankbarer Freude den Wasserhahn aufgedreht oder wohlig in der Badewanne gesessen. Daß es das alles gab! Daß ich das haben durfte.

Ähnlich ist es mit Kais Tod. Er bleibt in mir, aber er
erhöht den Wert des Lebens. Im Bewußtsein seines Todes muß ich unter Tränen feststellen, daß mein Leben
voller geworden ist. Intensiver. Lebendiger. Reicher.
Und daß auch ich mich verändert habe. Ich bin angstfreier geworden. Sensibler für die guten und schönen
Seiten des Lebens. Offener für Gefühle. Freier in meinen Gedanken und Handlungen. Unabhängiger gegenüber Menschen.

Daß ich diesen Weg aus hoffnungsloser, schuldbeladener Verzweiflung in ein eigenes gelebtes Leben gehen
konnte, habe ich vielen zu verdanken: meinen Kindern
– anderen verwaisten Eltern – einigen Therapeuten –
wenigen »anderen« – und einem unbeirrbaren inneren
Lebenswillen.

Daß mein Sohn Kai diesen Lebenswillen an jenem
7. Januar 1985 im Chemieraum seiner Schule nicht
mehr hatte und sich zu sterben entschloß, wird mich
immer schmerzen.

Anhang

Selbsthilfegruppen »Verwaiste Eltern« in Deutschland.
Seminare für Trauernde (Verwaiste Eltern und Geschwister) werden u. a. veranstaltet von den »Verwaisten Eltern« in Hamburg und München und können dort erfragt werden.
Desgleichen die Seminare für die Ausbildung von Trauerbegleitern.
Es gibt die verschiedensten Angebote für Trauernde und ihre Trauerarbeit. Vorträge, Seminare, Workshops. Man achte auf die Tagespresse bzw. informiere sich bei den nachfolgend genannten Selbsthilfegruppen und anderen Organisationen der Sozialarbeit (z. B. Kirchen, Behörden, Wohlfahrtsorganisationen, Ärzten, Therapeuten, Krankenhäusern).

*Selbsthilfegruppen Verwaiste Eltern
in Deutschland*

Stand: August 1991

Kontakt- und Informationsstelle „Verwaiste Eltern in Deutschland"

Esplanade 15, 2000 Hamburg 36
Tel.: 040/342604
  040/342371

Die Adressen von Ansprechpartnern und entstehenden Gruppen in den **neuen Bundesländern** erfahren Sie auf Anfrage über die Kontakt- und Informationsstelle »Verwaiste Eltern in Deutschland«, Hamburg

1000	Walter und Erika Baddak Machnower Str. 32 1000 Berlin 37 Tel.: 030/8012269
O-1560	Doris Braun Hebbelstr. 21 O-1560 Potsdam Tel.: 003733/23396
2000	Kontakt- und Informationsstelle »Verwaiste Eltern in Deutschland« und Verwaiste Eltern Hamburg e.V. in der Evangelischen Akademie Nordelbien Esplanade 15 2000 Hamburg 36
	Dipl.-Psych. Birgitt Lösch (Gertraud Schaa) Tel.: 040/342604 ☏ (Telefon-Bereitschaft) und 342371
	Dr. theol. Mechtild Voss-Eiser (Luise Möglich) Tel.: 040/341264

2120 Gabriele Knöll
      Fuhrenweg 3
      2121 Reppenstedt (bei Lüneburg)
      Tel.: 04131/63550

2160 Uschi Abraham
      Breslauer Str. 27
      2160 Stade
      Tel.: 04141/46328

2190 Christel Behring
      Brockeswalder Weg 2
      2190 Cuxhaven 1
      Tel.: 04721/23174

2212 Renate Schmidt
      Kurt-Schumacher-Ring 16
      2212 Brunsbüttel
      Tel.: 04852/5600

2358 Pastor Günter Thomas
      Schützenstr. 45
      2358 Kaltenkirchen
      Tel.: 04191/2413

2370 Verwaiste Eltern in   *Weiterer*
      »Frauen helfen Frauen«   *Ansprechpartner*
      Kontaktstelle   Ute Lange
      Grüne Str. 1   Ulmenstr. 5
      2370 Rendsburg   2370 Büdelsdorf
      Tel.: 04331/21514   Tel.: 04331/32301

2390 Beratungszentrum des   *Weitere*
      Kirchenkreises Flensburg   *Ansprechpartner*
      Johanniskirchhof 19   Christiane Schütte
      2390 Flensburg   Tel.: 0461/26611
      Tel.: 0461/26611   Malve Lehmann
                                    Tel.: 0461/23563
                                    Pastorat Südermarkt 16
                                    2390 Flensburg

2400	Beratungszentrum für Familien- und Erziehungsfragen Dipl.-Psych. Th. F. Dudzik Pastorin Bettina v. Seidel Hüxter Damm 18 2400 Lübeck Tel.: 0451/793229	*Weitere Ansprechpartner* Pastorin Bettina von Seidel Aegidienstr. 67 2400 Lübeck Tel.: 0451/705968
2418	KIBIS, SHG Verwaiste Eltern Frau Grödelbach, Tel.: 04542/3959 Frau Möller, Tel.: 04541/7752 Rathausstr. 8 2418 Ratzeburg	
2420	Bärbel Sieger An der Aue 10 2420 Eutin/Sielbeck Tel.: 04521/6198	
2851	Johannes Dirksen Am Brink 1 2851 Loxstedt-Stotel Tel.: 04744/5045	
2900	Karin Buttelmann Dürerstr. 18 2900 Oldenburg Tel.: 0441/69446	*Weitere Ansprechpartner* Margrit Kanja Am Nordrand 16 2902 Rastede Tel.: 04402/82188 Anne Lankenau Am Hochstand 2900 Oldenburg Tel.: 0441/42981
2900	Brigitte Schiller Im Schilf 34 2900 Oldenburg Tel.: 0441/43581	Treffpunkt: Ev. Familienbildungsstätte Oldenburg

2940	Ev. Familienbildungsstätte Doris Steinhauer Kantstr. 9 2940 Wilhelmshaven Tel.: 04421/32016	*Weitere* *Ansprechpartner* Frau Möhlmann Moselstr. 25 2948 Schortens Tel.: 04461/80070
2990	Christina Vinke Rosenstr. 3 2990 Papenburg Tel.: 04961/5297	
3000	Verwaiste Eltern Hannover Ute und Christoph Student In der Steinriede 3 3000 Hannover 1 Tel.: 0511/664726	*Weitere* *Ansprechpartner* Hannelore Braun Scheelenkamp 3 3008 Garbsen 4 Tel.: 05131/6256 Heidrun und Jochen Flitta Schnabelstr. 45 3000 Hannover 91 Tel.: 0511/427450
3040	Karin Vollroth Feldstr. 28 3040 Soltau Tel.: 05191/3938	*Weitere* *Ansprechpartner* Walter Völkner Postfach 1522 3040 Soltau Tel.: 05191/5715
3100	Verwaiste Eltern Celle Thomas Schneider Stauffenbergstr. 6 3100 Celle Tel.: 05141/51957	*Weitere* *Ansprechpartner* Familie Langer Tribunalgarten 10 3100 Celle Tel.: 05141/36174 Familie Stuhlemmer Allerstr. 9 3100 Celle Tel.: 05141/41677

3181	Uwe und Bärbel Ziemens Nachtweide 6 3181 Jembke bei Wolfsburg Tel.: 05366/7478
3200	Selbsthilfegruppe für Trauernde Eltern in der Beratungsstelle des Vereins für Suizidprävention e.V. Bahnhofsallee 26 3200 Hildesheim Tel.: 05121/56286 Mo.–Fr. 10–15 Uhr
3300	Heidelore Jobs Harzblick 45 3300 Braunschweig Tel.: 0531/871932

3320	Viola und Hans-J. Honsa Gödebusch 52 3320 Salzgitter 1 Tel.: 05341/52350	*Weitere* *Ansprechpartner* Gisela Bolm Wilhelm-Kunze-Ring 81 3320 Salzgitter 1 Tel.: 05341/43580

3380	Christopherus-Haus e.V. SGH Verwaiste Eltern Birkenhof 3380 Goslar 1 Tel.: 05321/84899
3446	Verwaiste Eltern Kassel Irmgard Wagner Zittel 6 3446 Meinhard-Frieda Tel.: 05651/5918
3570	Gesprächskreis Verwaiste Eltern Rosenweg 8 3570 Stadtallendorf Tel.: Edith Martin 06428/5090 E. Wege 06424/2031

3500	SHG Verwaiste Eltern (Treffpunkt: Fasanenhof) Lothar Weddig Fuldastr. 26 3501 Fuldatal	
4000	Marita Manske Drususstr. 25 4000 Düsseldorf 11 Tel.: 0211/589356	
4044	Schwester Bernadette Giemesstr. 4a 4044 Kaarst 1 Tel.: 02101/666141	*Weitere Ansprechpartner* Pastorin Rita Horstmann Roseggerstr. 16 4044 Kaarst Tel.: 02101/68935
4060	Doris Stricker Eichenstr. 25 4060 Viersen Tel.: 02162/20831	*Treffpunkt:* Familienbildungsstätte Doris Stricker Rektoratstr. 25 4060 Viersen 1 Tel.: 02162/17290
4060	Dignitas Dt. Interessengemeinschaft für Verkehrsunfallopfer e.V. Angelika Oidtmann Friedlandstr. 6 4060 Viersen 1 Tel.: 02612/20032	
4220	Gundel Laakmann Tilsiter Str. 5 4220 Dinslaken Tel.: 02134/58958	*Weitere Ansprechpartner* Familie Gierenstein Lerchenweg 2 4100 Duisburg 14 Tel.: 02135/62743

4235	Margret Hörning Bösenberg 87 4235 Schermbeck bei Dorsten Tel.: 02853/3856	*Weitere* *Ansprechpartner* Margit Straßburg Peddenberger Str. 53 4224 Hünxe-Drevenack Tel.: 02858/366
4290	Gabi Hüls Mosse 35 4290 Bocholt Tel.: 02871/17738	
4300	Ulrike Labonte Wupperstr. 71 4300 Essen 18 Tel.: 02054/83286	*Weitere* *Ansprechpartner* Christiane Beyers Zum Timpen 62 4300 Essen 16 Tel.: 0201/401431 Monika Kleinholz Hinninghofen 48 4300 Essen 18 Tel.: 02054/3714
4330	Ingeborg Gigante Schöltges Hof 44 4330 Mülheim/Ruhr Tel.: 0208/74409	
4400	Dorlis von dem Berge-Stövesand Wiedehagen 8 4400 Münster Tel.: 0251/717896	
4400	Haus der Familie Münster e.V. Dorothea Große-Frintrop Roswitha Vogel Krummer Timpen 42–43 4400 Münster Tel.: 0251/40374	
4444	Gesprächskreis Ingrid Rademaker Steinkamp 11 4444 Bad Bentheim Tel.: 05924/6676	

4500	Frau Thyke Voxtrupper Str. 64 4500 Osnabrück Tel.: 0541/572157	*Weitere* *Ansprechpartner* Pastor Denecke Olweg 21 4500 Osnabrück Tel.: 0541/77566
4600	Pfarrer Karl-Georg Mix Hermann-Löns-Str. 16 4600 Dortmund 1 Tel.: 0231/413364	*Weitere* *Ansprechpartner* Barbara Link Westkamp 81 4600 Dortmund 12 Tel.: 0231/206699
	Treffpunkt: Ev. Heiland-Kirchen- gemeinde Westfalendamm 190 4600 Dortmund 1 Montags 19.00 Uhr	Horst Gundlach Am Rabensmorgen 104 4600 Dortmund 1 Tel.: 0231/594778
4630	Ingeborg u. Otto A. Reinsch Hans-Böckler-Str. 31 4630 Bochum 1 Tel.: 0234/680052	*Weitere* *Ansprechpartner* Pastor H. Burgdörfer Nordring 43 4630 Bochum 1 Tel.: 0234/680031
		Werner Drilling In der Senke 34 4630 Bochum Tel.: 0234/682339
4790	Verwaiste Eltern Paderborn Familienbildungsstätte Anne Ahlmeyer Weikenweg 11 4790 Paderborn-Wewer Tel.: 05251/91232	*Weitere* *Ansprechpartner* Marlies Tegethoff Detmolder Str. 145 4792 Bad Lippspringe Tel.: 05252/4125
4803	Renate Gerriets Aprikosenstr. 4 4803 Steinhagen Tel.: 05204/7910	

4934 Gesprächsrunde »Verwaiste Eltern«
Evelin Pietsch
Triftenberg 8
4934 Horn-Bad Meinberg 1 b. Detmold
Tel.: 05234/2760

5000 Gertrude Dittrich
Rolandstr. 14
5000 Köln 1
Tel.: 0221/316438

Treffpunkt:
Pfarrei Maria Hilf
Rolandstr. 16, I. St.
5000 Köln 1
Tel.: 0221/317171

5020 Lieselotte Grundies
Spechtweg 4
5020 Frechen 4 bei Köln
Tel.: 02234/63088

5090 Verwaiste Eltern Kontakte
Axel Volmer
Familienseminar Awo
Berliner Platz 3
5090 Leverkusen 3
Tel.: 02171/1451

5100 Volkshochschule
Selbsthilfegruppe Verwaiste Eltern
Helma Höllermann
Peterstr. 21–25
5100 Aachen
Tel.: 0241/48417

5100 »Eltern trauern«
Helga Brands-Schlusche
Bleiberger Str. 146
5100 Aachen
Tel.: 0241/82590

Treffpunkt:
Familienbildungsstätte
Kasinostr. 55
5100 Aachen
Tel.: 0241/66026

5160 Anton Straeten
Poliusstr. 3
5160 Düren

5300	Gunhild Klöckner Josef-Kuth-Str. 24 5300 Bonn 1 Tel.: 0228/676830	*Weitere Ansprechpartner* Waltraud Jenisch Orbachstr. 81 5357 Swisttal-Odendorf Tel.: 02255/1360 Hannelore Matthies 5270 Gummersbach Tel.: 02204/22882 pr. 02261/22190 d.
5300	IPS-Elterngruppe Bonn Anita Schindler-Kindermann Dr. Jörg Kindermann Am Schmerbroich 146 5205 St. Augustin 1 Tel.: 02241/335052	
5900	Ehe-, Familien- und Lebensberatungsstelle Heike Fester Burgstr. 21 5900 Siegen Tel.: 0271/21038	
6000	Renate Schnur-Herrmann Mainkursstr. 31 6000 Frankfurt 60 Tel.: 069/497938	*Weitere Ansprechpartner* Jutta Becker Lucienstr. 14 6000 Frankfurt 80 Tel.: 069/319683
6000	Hedwig Münkel Tornowstr. 3 6000 Frankfurt 90 Tel.: 069/773788	*Weitere Ansprechpartner* Christ. Ponseck-Dieter Ludw.-Landm.-Str. 190 6000 Frankfurt 90 Tel.: 069/7681461 Uschi, Konny Schneider Berliner Str. 9 6238 Hofheim Tel.: 06192/3515

6000	Klinikum der Joh. Wolfg. Goethe-Universität Zentrum für Kinderheilkunde Abt. f. Päd. Hämat. u. Onkol. SHG für Verwaiste Eltern krebskranker Kinder Herr Reckels Theodor-Stern-Kai 7 6000 Frankfurt 70 Tel.: 069/6301 5736	*Weitere Ansprechpartner* Helga Weidemann Klinikseelsorge Ludwig-Rehn-Str. 7 6000 Frankfurt 70 Tel.: 069/6301-5620 Hildegard Frerichs Lerchenweg 3 6106 Erzhausen Tel.: 06150/6265
6056	SHG Verwaiste Eltern c/o Heide Dau Odenwaldstr. 2 6056 Heusenstamm Tel.: 06104/65828	*Weitere Ansprechpartner* Frau Murmann Tel.: 06074/97281
6100	»Verwaiste Eltern«, Caritas Christiane Bopp Frühberatung Schwarzer Weg 14a 6100 Darmstadt Tel.: 06151/76093	*Weitere Ansprechpartner* Marianne Jochwig-Beuck Oberer Steinberg 47 6070 Langen Tel.: 06103/21660
6200	Helga Kaufmann Freseniusstr. 55 6200 Wiesbaden Tel.: 06121/521729	
6257	SHG »Trauernde Eltern« Ehepaar Preußer Burgstr. 17 6257 Hünfelden-Kirberg Tel.: 06438/1777	*Weitere Ansprechpartner* Pf. Paul-Gerhard Platte Unterau 4 6256 Villmar Tel.: 06482/2618
6300	Verwaiste Eltern krebskranker Kinder Kinderklinik der Justus-Liebig-Universität Dr. Ursula Kaufmann Feulgenstr. 12 6300 Gießen Tel.: 0641/7024400	

6450	SHG Verwaiste Eltern Hanau Dipl.-Psych. Fr. Wiedemann Familien- u. Jugendberatung Sandeldamm 21 6450 Hanau Tel.: 06181/14051	*Weitere* *Ansprechpartner* Dr. Manfred Ransweiler Goethestr. 4 6480 Wächtersbach Tel.: 06053/9564
6500	Klinikseelsorger des Kirchl. Krankenhausdienstes an den Unikliniken Mainz Langenbeckstr. 1 6500 Mainz 1 Tel.: 06131/177219 u. 177220	*Weitere* *Ansprechpartner* Jürgen Meier-Wilms Berliner Str. 24 6500 Mainz 1 Tel.: 06131/51522 Hartwig von Papen Sachsenstr. 14 6501 Bodenheim Tel.: 06135/5623
6600	Frau Capaces-Schmidt Dellengartenstr. 9 6600 Saarbrücken 1 Tel.: 0681/583843	
6799	Pfarrer Ralf Lehr Prot. Pfarramt 6799 St. Julian Tel.: 06387/270	
6900	SHG für Eltern krebskranker Kinder Heide Häberle, Familientherapeutin Psychosoz. Nachsorgeeinrichtung und Fortbildungsseminar Ernst-Moro-Haus Im Neuenheimer Feld 155 6900 Heidelberg Tel.: 06221/563088	
6945	Helga Franz-Flößer Reinhard Flößer Breitgasse 6 6945 Hirschberg 1 Tel.: 06201/55413	*Weitere* *Ansprechpartner* Heide Häberle (siehe 6900 Heidelberg)

7000	Gesprächskreis »Eltern in Trauer« Ev. Bildungswerk »Hospitalhof« Gymnasiumstr. 36 7000 Stuttgart 1 Tel.: 0711/2068150	*Weitere Ansprechpartner* Pfarrer Martin Klumpp Lessingstr. 4 7000 Stuttgart 1 Tel.: 0711/223087 Ilse Hilzinger Mendelssohnstr. 2 7000 Stuttgart 75 Tel.: 0711/478621
7100	Regenbogen Nina und Martin Schimanski Sichererstr. 25 7100 Heilbronn	
7441	Gabi Maute Schulstr. 22 7441 Unterensingen Tel.: 07022/64570	
7709	VHS-Gesprächskreis »Verwaiste Eltern« Claudia Rötzer Mühlenstr. 10 7709 Hilzingen Tel.: 07731/61761	
7750	Evang. Krankenhauspfarramt II Pfr. Wilfried Steiger Zumsteinstr. 11 7750 Konstanz Tel.: 07531/62879	*Weitere Ansprechpartner* Dr. Inge Bung Wollmatinger Str. 58 7750 Konstanz Tel.: 07531/55660
7800	Elisabeth Schaps Habichtweg 38 7800 Freiburg/Landwasser Tel.: 0761/131288	*Weitere Ansprechpartner* Ruth Hermann Bussardweg 107 7800 Freiburg Tel.: 0761/131018

7800	Eva und Klaus Gülker Scheffelstr. 3 7800 Freiburg Tel.: 0761/77149	*Weitere* *Ansprechpartner* Schönfeld Erlenbruckerstr. 30 7824 Hinterzarten Tel.: 07652/5410
7900	»Eltern, die ein Kind verloren haben« »Haus der Begegnung« Grüner Hof 7 7900 Ulm/Donau Tel.: 0731/1511-53	*Weitere* *Ansprechpartner* J. u. H. Brandauer Jahnstr. 34 7901 Westerstetten Tel.: 07348/6498
7988	Psychologische Beratungsstelle »Verwaiste Eltern« Karlstr. 14 7988 Wangen Tel.: Mittw. 07522/20121 Tel.: sonst 07561/4231	*Weitere* *Ansprechpartner* Helene Stahl August-Lämmle-Weg 3 7988 Wangen 1 Tel.: 07522/4787 Melitta Biedermann Georgstr. 9 7980 Ravensburg Tel.: 0781/31209
8000	Verwaiste Eltern München e.V. Büro: Frau Rohm/Frau Maurus Schrenkstr. 3 8000 München 2 Tel.: 089/5020184 Trauernde Eltern Selbsthilfegruppe Trauernde Eltern und Geschwister im Projekt Omnibus Lindwurmstr. 2 8000 München 2 Tel.: 089/5389435	

8200	Gabriele Besig Chiemseestr. 48 8200 Rosenheim Tel.: 08031/37993	*Weitere Ansprechpartner* Kinderschutzbund Färbergasse 19 8200 Rosenheim Tel.: 08031/12929 Elke Grundner Am Anger 15 8201 Kolbermoor Tel.: 08031/95858
8265	Pastoralreferentin Ingrid Weißl Altöttinger Str. 39 8265 Neuötting Tel.: 08671/71934	*Weitere Ansprechpartner* Adelgunde Nowak Alter Stadtberg 13 8265 Neuötting Tel.: 08671/3863
8400	Ingrid Kummer Agnesstr. 27 8400 Regensburg Tel.: 0941/21196	
8430	Ursula Wolf Eichenstr. 16 8430 Neumarkt i. d. Opf.	
8500	»Eltern in Not« Stadtmission Pirckheimer Str. 16 8500 Nürnberg Tel.: 0911/354193	*Weitere Ansprechpartner* Renate Fischer Bruckerstr. 6 8500 Nürnberg Tel.: 0911/302152 Angelika Haack Steinmetzanlage 12 8500 Nürnberg Tel.: 0911/619161
8520	Tränenkrüglein Rotraut von Stromer-Baumbauer Donaustr. 16 8520 Erlangen Tel.: 09131/36092	

8609	Monika Aust
	Eichendorffstr. 17
	8609 Bischberg (bei Bamberg)
	Tel.: privat 0951/62755
	    dienstl. 0951/61331
		Weitere
		Ansprechpartner
		Brigitte Hollstein
		Weipersdorfstr. 15a
		8609 Bischberg
		Tel.: privat 0951/62967
		    dienstl. 0951/5030

8700	Elterninitiative leukämie- und tumorkranker Kinder Christel Lochner Friedrichstr. 3 8700 Würzburg Tel.: 0931/412844	
8859	Gisela Fischer Am Spielplatz 12 8859 Oberhausen Tel.: 08431/1453	
8860	SHG »Verwaiste Eltern« Diakonisches Werk Donau-Ries e.V. Herr R. Vogel (Dipl.-Sozialpädagoge) Bürgermeister-Reiger-Str. 38 8860 Nördlingen Tel.: 09081/4660	
8900	»Verwaiste Eltern« beim Arbeiter-Samariter-Bund Hildegard Mayr-Nerl Bei den Sieben Kindeln 3 8900 Augsburg Tel.: 0821/157119	*Weitere* *Ansprechpartner* Christa Kreitmayer Kornstr. 8 8900 Augsburg 22 Tel.: 0821/96538 Edith Hösle Hans-Sachs-Str. 11 8906 Gersthofen Tel.: 0821/492126
8910	Ingetraut Krebber Schanzwiese 28 8910 Landsberg/Lech Tel.: 08191/47358	

8956	Verwaiste Eltern Kaufbeuren Annemarie Negele Erlenweg 4 8956 Germaringen Tel.: 08341/66808	*Weitere* *Ansprechpartner* Gertraude Mayr Fichtenweg 12 b 8950 Kaufbeuren 2 Tel.: 08341/65280
		Breitsameter Schwabenstr. 81 8952 Marktoberdorf Tel.: 08342/6544
8960	Leben mit der Trauer um ein Kind Veronika und Werner Rist Kolpingstr. 14 8962 Pfronten Tel.: 08363/5989	*Weitere* *Ansprechpartner* Josef Eberle Zölchstr. 17 8960 Kempten

Selbsthilfegruppen im Ausland

Österreich/Wien	Fritz und Helga Endl Zur Spinnerin 2/30 A-1100 Wien Tel.: 0222/627391	*Weitere* *Ansprechpartner* Erhard, Helga Rydlo Löwengasse 51 A-1030 Wien Tel.: 0222/7329462
	Gertraut und Sepp Lenz Schulgasse 69 A-1180 Wien Tel.: 0222/4390754	
	Frauen beraten Frauen Lehargasse 9-2-17 A-1060 Wien Tel.: 0222/5876750	

Salzburg	Elfriede Pacher Mühlbachberg 112 A-4801 Traunkirchen (bei Salzburg) Tel.: 07617/2539	
Schweiz	Verein SIDS Schweiz Isabella Lack Allmendstr. 438 CH-4623 Neuendorf Tel. 062/613252	
	Mrs. Susanne Kübler-Leu Kanzlerstr. 9 CH-8500 Frauenfeld Tel. 054/210585	

Auskunft über Selbsthilfegruppen in der Schweiz (darunter auch evtl. andere Gruppen für Verwaiste Eltern) erteilt:
Team Selbsthilfe Zürich
Postfach 107
CH-8032 Zürich
Tel. 01/2523036

Kontaktadressen der Selbsthilfegruppen REGENBOGEN für Verwaiste Eltern in der Schweiz

Diese Adressen stammen vom Universitätsspital Zürich, Abteilung für Psychosoziale Medizin, Culmannstr. 8, 8091 Zürich, Team Selbsthilfe Zürich

Klarer, Anneliese	Grundstr. 8a Tel. 071/673130	8580 Amriswil
Hunkeler, Mina	Mühlegasse 66 Tel. 042/315826	6340 Baar
Rutgers, Jacqueline und Eric	Römerstr. 9 Tel. 056/221682	5400 Baden

Strasser, Irma	Spiegelbergstr. 33/5 Tel. 061/506386	4059 Basel
Geissbühler- Blaser, Annemarie	Schanzenstr. 1 Tel. 031/585305 oder 254905	3008 Bern
Blum, Käthi	Birchli 10 Tel. 055/533566	8840 Einsiedeln
Martin, Jeanette	Rebstr. 3 Tel. 01/9150077	8703 Erlenbach
Diethelm, Sylvia	Rte de Bourguillon 17 Tel. 037/461361	1723 Marly
Beutler, Erika	Lontschenenweg 47 Tel. 033/362674	3808 Thun

Im Aufbau befindliche Gruppen im Ausland:

* Luxemburg	Danny und Gast. Gieres 24, rue willmar L – 2731 Luxemburg Tel.: 29536
+ Österreich/Salzburg	Frau Wimmelsberger Bildungshaus St. Virgil A-5020 Salzburg Tel.: 0662/23445

Ansprechpartner für Verwaiste Eltern
Ergänzung zur Selbsthilfegruppen-Liste

* = Im Aufbau befindliche Selbsthilfegruppe
+ = Am Aufbau einer Selbsthilfegruppe interessierter Ansprechpartner

+ 2245 Tellingstedt
Heike Vollstädt-Höper
Hamburger Str. 30
2245 Tellingstedt

+ 2250 Schwesing/Husum
Pastor Rudolf Lies
Kirchenweg 3
2250 Schwesing/Husum
Tel.: 04841/72515

+ 2910 Westerstede
Pastor Jürgen Spradau (keine
Pastorenpadd 5 regel-
2910 Westerstede mäßigen
Tel.: 04488/2678 Treffen)

+ 2300 Kiel
Verwaiste Eltern im Evangelischen
Beratungszentrum
Helga Quellmann
Dänische Str. 15
2300 Kiel
Tel.: 0431/94065

+ 2360 Bad Segeberg
Alice Heins
Evang. Familienbildungsstätte
Falkenberger Str. 88
2360 Bad Segeberg
Tel.: 04551/1208
04551/4857 (priv.)

+ 2800 Bremen
Gerda Mehl, freie Psychologin
Tettenbornstr. 26
2800 Bremen 1
Tel.: 0421/230982
237766

+ 2800 Bremen	Prae- und perinataler Kindstod (Früh- und Fehlgeburt) Dr. Dr. Karl-Heinz Wehkamp Frauenklinik Zentralkrankenhaus St.-Jürgen-Str. 30 2800 Bremen 1 Tel.: 0421/497-1 (gelegentliche Einzeltreffen)
+ 2810 Verden	Christel Heintze Lessingstr. 14 2810 Verden Tel.: 04231/864728 (Sporadische Einzelgespräche)
+ 2950 Leer	Telse Voß Psychologische Praxis Mühlenstr. 129 2950 Leer Tel.: 0491/2646
+ 3000 Hannover	Kontakt- und Informationsstelle für Selbsthilfegruppen De-Haen-Platz 6 3000 Hannover Tel.: 0511/624591 (nur Vermittlung)
+ 3400 Göttingen	Hildegard Kreß Hainbuchenring 1c 3400 Göttingen
+ 3500 Kassel	Ulrike von Loesch Friedrich-Ebert-Str. 85 3500 Kassel Tel.: 0561/770909
+ 4000 Düsseldorf	Andreas Schulz, Dipl.-Psych. Ackerstr. 99 4000 Düsseldorf 1 (Koordinator der Arbeitsgemeinschaft »Trauern«, keine Selbsthilfegruppe)

* 4590 Cloppenburg Rita und Norbert Ecke
Fritz-Reuter-Str. 22
4590 Cloppenburg
Tel.: 04471/85541

+ 4800 Bielefeld Karin Führing
Zur Bülte 15
4800 Bielefeld 15
Tel.: 0521/83712

+ 4830 Gütersloh Ursula Murken
Kattenstrother Weg 70
4830 Gütersloh
Tel.: 05241/56410

Elisabeth Hausmersmann
Tecklenburger Weg 11
4836 Herzebrock
Tel.: 05245/1363

+ 4930 Detmold »Hilfe zum Weiterleben«
Ilse Hildebrandt
Brunnenstr. 20
4930 Detmold
Tel.: 05231/34450

+ 5100 Aachen Dr. Dietrich Wittenhagen
Kinderarzt
Alexianer Graben 9
5100 Aachen
Tel:. 0241/33104

+ 5138 Heinsberg- Marianne Krings
   Dremmen   Talmühlenstr. 30
5138 Heinsberg-Dremmen
Tel.: 02452/65515

+ 5371 Schleiden/Eifel Winfried Jansen
Regionalstelle Eifel im Bistum Aachen
Franziskus Haus, Klosterplatz 1
5372 Schleiden/Eifel
Tel.: 02445/666-667

+ 5400 Koblenz	Regionalbildungswerk Frau Kollenda Florien-Pfaffengasse 14 5400 Koblenz
+ 5450 Neuwied	Lothar Baumgärtel Dahlbachweg 5 5450 Neuwied 23
* 5600 Wuppertal	Pastorin Elisabeth Grube Rödiger Str. 139 5600 Wuppertal 2 Tel.: 0202/511431
+ 6100 Darmstadt	Karin Bothe – Krankenschwester/ Sozialpsychiatrie Niederramstädter Str. 21 6100 Darmstadt Tel.: 06151/41595 (Kontakt zu Monika Jonas, Frühberatung/Selbsthilfegruppe)
+ 6256 Villmar	Pfarrer Paul-Gerhard Platte 6256 Villmar, Unterau 4 Tel.: 06482/2618 (fachl. Beratung bei Selbsthilfegruppe Preußer)
+ 6507 Ingelheim/ Rhein	Alwine Harth Natalie-v.-Harder-Str. 7 6507 Ingelheim/Rhein Tel.: 06132/2425
+ 6719 Kirchheim- bolanden	Beratungsstelle des Diakonischen Werkes der Pfalz in Hessen und Nassau – Birgit Sander 6719 Kirchheimbolanden, Eichenweg 4 Tel.: 06352/4700
* 6840 Lampertheim	Evangelische Lukasgemeinde Pfarrer Geil Römerstr. 94 6840 Lampertheim Tel.: 06206/2091

+ 7014 Kornwestheim   Solveig Krug
                     Mühlhäuser Str. 37
                     7014 Kornwestheim
                     Tel.: 07154/21763

+ 7500 Karlsruhe   Gisela Dannemann
                     Ringstr. 26
                     7500 Karlsruhe 41
                     Tel.: 0721/491053

* 7570 Baden-Baden   Irmgard Ruin – Evang. Erwachsenen-
                     bildung Baden-Baden
                     Maria-Viktoria-Str. 25
                     7570 Baden-Baden
                     Tel.: 07221/38443

+ 7806 March bei   Marion Haupt
    Freiburg   Bachstr. 12
                     7806 March 4
                     Tel.: 07665/41977

+ 7821 Eisenbach   Bernadette Spitz
                     Harzerhauser 15
                     7821 Eisenbach

* O-8019 Dresden   Inge Müller
                     Cranachstr. 3/0701
                     O-8019 Dresden
                     Tel.: 003751/4594198

* 8600 Bamberg   Elisabeth Nüßlein
                     Arbeitsgemeinschaft Familie
                     Diözesanstelle
                     Jacobsplatz 9/IV
                     8600 Bamberg
                     Tel.: 0951/502626

+ 8900 Augsburg   Dipl.-Psych. E. Rosenfeld
                     Kinderklinik Stenglinstraße
                     8900 Augsburg
                     Tel.: 0821/400-3403

* 8902 Neusäß   Doris Böse
                     Gartenstr. 4
                     8902 Neusäß
                     Tel.: 0821/469005

Wenn Kinder sterben.
Einfühlsam spricht die Autorin die Probleme an, mit denen sich Eltern eines verstorbenen Kindes konfrontiert sehen. Schritt für Schritt geht sie noch einmal mit ihnen den Weg dieser schrecklichen Erfahrung, vom Tod des Kindes über die Beerdigung, die zunächst unsagbare Trauer, die ersten vorsichtigen Schritte zurück in den Alltag bis hin zur erneuten Teilnahme am aktiven Leben. Mit Adressen von Selbsthilfegruppen und Gesprächskreisen.

> Harriet S. Schiff
> **Verwaiste Eltern**
> *216 Seiten, gebunden*

Trauern heißt verarbeiten.
Beziehungen sind wesentlicher Aspekt unseres Selbst- und Welterlebens, das durch den Tod eines geliebten Menschen schwer erschüttert wird. Die Trauer ist die Emotion, durch die wir Abschied nehmen, Probleme der zerbrochenen Beziehung aufarbeiten und soviel als möglich von ihr und von den Eigenheiten des Partners integrieren können, so daß wir mit einem neuen Selbst- und Weltverständnis weiterzuleben vermögen.

> Verena Kast
> **Trauern**
> Phasen und Chancen des
> psychischen Prozesses
> *176 Seiten, kartoniert*

KREUZ: Was Menschen bewegt.